IL RIFACIMENTO DELLA FIABA IN ANGELA CARTER

LA NUOVA DONNA

Stefania De Pascalis

INDICE

INTRODUZIONE

Dato il profondo valore che la fiaba ha sempre avuto, tanto nella tradizione orale e popolare quanto in quella scritta e colta, questo breve saggio cercherà di dimostrare come sia stata innanzi tutto un sottile strumento di educazione del fanciullo ed una forma artistica dalla grande duttilità e versatilità.

Presente praticamente in tutto il mondo come una delle forme più arcaiche e popolari della narrazione, la fiaba è stata oggetto di studi folcloristici, strutturalistici, mitologici, psicologici, etnologici, storici, linguistici e letterari, e ne sono state avanzate le più disparate teorie di analisi.

La sua struttura mostra una straordinaria somiglianza ovunque, così come i suoi elementi principali, ma la sua funzione è passata nel tempo da scopi religiosi e rituali a scopi sociali ed educativi, mezzo di puro piacere letterario o al contrario di imposizione di determinati valori. In essa si sono rispecchiati man mano i diversi momenti storici, le strutture sociali, economiche e religiose, gli ideali e i valori dell'epoca.

Utilizzate appunto per scopi educativi nei Sei e Settecento, con le fiabe di Perrault, di Mme D'Aulnoy e dei fratelli Grimm più tardi, hanno perso importanza nel Novecento quando per un certo periodo vennero considerate solo come assurdi racconti di vecchie, adatti soltanto a divertire i bambini" [1].

Ma ora, a partire dal ventesimo secolo, con la ri-mitologizzazione e la riscoperta dell'importanza dell'inconscio e della fantasia, le fiabe hanno

---

[1] M.Louise von Franz, *Il Femminile nella Fiaba*, Bollati Boringhieri, Torino 1983, IV ed. 1990, p.7

trovato un nuovo utilizzo: sono state riscoperte, studiate e a volte parodiate, riscritte.

Questa utilizzazione "polemica" della fiaba, attraverso la riscrittura o la parodia, è appunto la strada intrapresa dalla nostra autrice, Angela Carter, scrittrice inglese nata a Eastbourne, Sussex il 7 maggio 1940 e morta a Londra nel febbraio 1992. La nonna, una donna molto risoluta che ebbe una grande influenza su di lei e che le insegnò ad amare le fiabe, la portò nello Yorkshire; in seguito la famiglia si spostò nel sud di Londra e la giovane Angela fu educata in un liceo femminile. In seguito, avendo sviluppato una forma di anoressia nervosa per reazione contro il sistema educativo scolastico e contro la possessività di sua madre, abbandonò gli studi ed il padre, giornalista, le trovò un posto da giornalista presso un giornale locale.

Nel 1960 la Carter sposò un chimico industriale, Paul Carter, e si trasferì con lui a Bristol, dove cominciò a frequentare anche l'università (1962-

1965). Cominciò a scrivere e pubblicò il suo primo libro nel 1966: **Shadow Dance**, il racconto di uno strano omicidio nei sobborghi inglesi, eseguito da una ragazza, Ghislaine, solo in apparenza dolce e innocente, contro il bello e dannato Honeybuzzard che l'aveva tiranneggiata e sfregiata. Questo romanzo è uscito poi in America con il titolo **Honeybuzzard**. Nel 1967 fa seguito *The* **Magic Toyshop**, definita "the most intense and claustrophobic of the novels" [2] , in cui tre bambini rimasti orfani vengono affidati allo zio, oscuro e crudele giocattolaio di Londra, dove i bambini, soprattutto la quindicenne protagonista Melanie, subiscono crudeltà e intrighi, fino all'incendio finale che distrugge il negozio.

Del 1968 è poi **Several Perceptions**, che l'anno seguente vinse il "Somerset Maugham Prize".

Nel 1969 scrisse invece **Heroes and Villains**, un racconto ambientato in un futuro post-atomico e

---

[2] Angela Carter, in Margareth B. McDowell, *Contemporary Novelists*, St. James Press, London, p. 174

apocalittico in cui il mondo è diviso fra Professori, chiusi nelle loro cittadelle, e Barbari all'esterno, vicino a rovine di città morte, distrutte dai bombardamenti, e una natura selvaggia e incontrollata che ha preso il sopravvento.

Separatasi dal marito (nel 1972 il divorzio ufficiale), andò a lavorare per qualche tempo in Giappone con il giovane amante asiatico che sarà poi descritto in alcuni racconti di *Fireworks* (1974). In Giappone Angela Carter scrisse *Love* e *The Infernal Desire Machine of Dr Hoffman*, rispettivamente nel 1971 e 1972, l'ultimo noto in America come *The War of Dreams*, racconto grottesco e macabro il cui protagonista, Desiderio, vuole realizzare i sogni e sostituirli alla realtà e comprende solo alla fine che, in un'epoca di repressione, i soli desideri degli uomini sono desideri di dominio, punizione e distruzione.

Del 1977 è *The Passion of New Eve*, in cui un uomo arrogante che ha usato le donne solo come oggetti di piacere, viene trasformato nella Nuova Eva, la nuova donna che concepirà il figlio puro che ringiovanirà il mondo. Questo romanzo è stato definito da Robert Clark come *"Carter's most ambitious commentary on gender and gendering"* [3]

.

Sempre nel 1977, Angela Carter tradusse in inglese le fiabe di Charles Perrault.

Nel 1979 esce il suo saggio, **The Sadeian Woman**, che affronta l'argomento del sadismo e del legame fra sessualità, piacere e sofferenza, nonché dei giochi di potere all'interno di una coppia. Nella Juliette del Divino Marchese ella vede una possibilità di sadismo femminile, una donna che abbandona la parte della vittima e prende quella della torturatrice, parte solitamente propria dell'uomo prevaricatore.

---

[3] R. Clark, "Angela Carter's Desire Machine", in *Women's Studies*, 1987, pp.147-161.

Del 1979 è anche la sua opera forse più famosa, quella raccolta di racconti, riscrittura di fiabe di Perrault e di alcune altre storie popolari su licantropi e vampiri, che analizzeremo approfonditamente nel presente saggio: *The Bloody Chamber*.

Dal 1976 al 1978, Angela Carter fu all'università di Sheffield, come Arts Council Fellow in Creative Writing, e nel 1980-81 fu Visiting Professor of Creative Writing alla Brown University, Rhode Island. Infine nel 1984 fu all'Università di Adelaide, in Australia, come "Writer in Residence". In quello stesso anno la Carter scrisse anche *Nights at the Circus*, che nella prorompente aerealist Fevvers, prostituta-vergine e donna alata, simboleggia la donna nuova che si libera dalla gabbia dorata della sua bellezza e del suo fascino per conquistare il mondo e rinnovarlo nel nuovo secolo, il XX, alle porte.

L'anno seguente, nel 1985, uscì invece *Black Venus*, un'altra raccolta di racconti, ritratti di personaggi letterari famosi, parodie. Nel frattempo la scrittrice si era risposata, con Mark Pearce, e a quarantatré anni ebbe da lui un figlio.

Il suo ultimo romanzo fu *Wise Children*, commedia e romanzo insieme, denso di elementi e parodie shakespeariani.

Morì di cancro ai polmoni nel febbraio del 1992.

La sua raccolta di racconti americani, *American Ghosts and Old World Wonders*, fu pubblicata postuma nel 1993.

Dopo la sua morte molti, fra amici e lettori, sono a rimpiangerla. La sua amica, la scrittrice canadese Margareth Atwood, ne parla con grande affetto e ammirazione, definendola in termini fiabeschi: *"The amazing thing about her [...] was that [...] she looked so much like the Fairy Godmother – the long, prematurely white hair, the beautiful complexion, the benign, slightly blinky eyes, the heart-shaped mouth*", e poi: "*There was something of Alice's White Queen about her*" [4]

Circa il suo carattere, Angela Carter viene descritta come curiosa di tutto, aperta, generosa, anche se scettica e sovversiva. Nell'articolo uscito su *The Times* in occasione della sua morte[5], era descritta come "*a progressive, socialistic, feministic, university-educated sort of woman [...] an unshamed fantasist, a fabulist of daemonic energy*".

Ella si muoveva del tutto a proprio agio fra scenari gotici ed orrorifici, ma anche fiabeschi, mitici, onirici. Il suo stile infatti è molto visivo, ricco di immagini dettagliate e di descrizioni precise, e addirittura spesso raggiunge effetti poetici.

Le emozioni e le sensazioni sono rese da lei in modo estremamente vivido. Il suo stesso vocabolario era un misto di raffinatezza e volgarità, di aforismi e di arguzie, di ironia amara e di allegra

---

[4] M. Atwood, "Magic Token Through the Dark Forest", *Observer*, 23 Feb. 1992, p.61.

[5] Angela Carter, "Obituary of writer" *Times*, 17 Feb. 92, p.15.6

14

giocosità. Nella cerchia dei suoi amici e conoscenti era nota come *"foul-mouthed"*, e Ian Mc Ewan l'ha definita *"un-english"* ; la sua informalità, l'anti accademismo, i suoi modi disinvolti e il suo linguaggio schietto e a volte volgare, apparivano, come afferma Barbara Lanati [6], "così poco [...] anglosassoni, da farla sembrare piuttosto un'apolide".

Amava le fiabe, le **Mille e una Notte**, le ballate e le leggende scozzesi, ed aveva studiato a fondo il folklore e lo strutturalismo. Femminista militante, conservò però sempre, a suo dire, un cordiale rapporto con gli uomini.

I suoi anni formativi erano stati quegli esplosivi e ribelli anni Sessanta in cui le donne e le loro rivendicazioni cominciavano a guadagnare terreno e poi durante gli anni Sessanta quando si affermò il movimento di liberazione delle donne. In questo senso ella cominciò a scrivere i suoi racconti e i

---

[6] B. Lanati, "Introduzione" a *La Camera di Sangue*, Feltrinelli, Milano 1994

romanzi, capovolgendo le teorie patriarcali e maschiliste, mostrandone l'infondatezza e svelando invece le sfaccettature della personalità femminile.

Come nota Olga Kenyon [7] , la teoria strutturalista "fu sfruttata per dimostrare come il significato sia costruito culturalmente, e possa così essere decostruito per ricostruirci".

Era il momento del risveglio della coscienza femminile per la donna, da troppo tempo relegata in un ruolo minore e posta su un piedistallo come una bella statua inutile però e priva di anima e di intelligenza. E come la protagonista di *Nights at the Circus* alla fine del romanzo, la donna si chiedeva: "Sono vera? [...] Sono quella che ritengo di essere o sono soltanto ciò ch'egli pensa che io sia?".

Perciò ciò che più interessa ad Angela Carter è l'interiorità, l'intelligenza, la sensibilità, la forza

---

[7] Olga Kenyon, *Women Novelists Today*, Brighton, Harvester Press, 1988

spirituale della donna, o al contrario –per biasimarla- la sua debolezza ed acquiescenza, l'incapacità di ribellarsi, quella sottomissione insegnata dall'uomo, sia in famiglia che in società, come l'unico comportamento femminile giusto e adeguato.

Come notava già Mary Wollstonecraft due secoli prima, *"[...] if fear in girls, instead of being cherished , perhaps created, was treated in the same manner as cowardice in boys, we should quickly see women with more dignified aspects. It is true, they could not then [...] be termed 'the sweet flowers that smile in the way of man'; but they would be more respectable members of society"* [8] .

---

[8] M. Wollstonecraft, *Vindication of the Rights of Women*, 1972, con John Stuart Mill, *The Subjection of Women*, Dent, London, Everyman's Library, 1974, p.69

" Is not this whole world an illusion?

And yet it fools everybody. "

A. Carter

CAPITOLO I

LA FIABA, IL RACCONTO,
L'INTERPRETAZIONE

Favola e fiaba, accomunate nel carattere fantastico dei soggetti e spesso facilmente confuse, hanno in realtà forme e contenuti diversi.

Innanzi tutto la favola si differenzia dalla fiaba per l'antica tradizione scritta, a cominciare dal greco Esopo e più tardi con il romano Fedro, poi per lo spiccato fine didascalico; sono protagonisti della favola animali o esseri inanimati che simboleggiano virtù e vizi umani e il breve racconto si conclude di norma con una "morale" che condensa il significato etico della favola stessa. La favola, inoltre, rispecchia la visione rassegnata e pessimistica tipica del basso strato sociale in cui si diffuse. Infine non sempre la favola, proprio a causa del suo intento morale, si chiude con un lieto fine, il quale potrebbe attenuare l'incisività dell'insegnamento esposto.

La fiaba, anch'essa racconto fantastico di origine popolare, è stata invece tramandata oralmente fino a un periodo relativamente tardo – almeno in Europa non ne troviamo testimonianze scritte prima della metà del Cinquecento - , e non aveva in origine un netto fine pedagogico o morale, nascendo piuttosto come racconto magico e rituale.

I personaggi che la popolano sono esseri magici e irreali come streghe, giganti, fate, spiriti buoni e cattivi, creature mostruose, animali parlanti, orchi, accanto a personaggi più o meno reali come principi, fanciulle, re e regine, matrigne, madri e padri, fratelli e sorelle, tutti però altamente tipizzati; osserva G. Dolfini che nella fiaba i personaggi perlopiù non sono descritti in maniera particolareggiata, molto spesso non hanno un nome proprio ed anzi sono designati soltanto con un nome comune e generico[9] .

Anche per questo la fiaba induce un forte senso di identificazione con i suoi personaggi, come afferma Mirella Billi [10] .

Così, ancora per il Dolfini, il lettore/ascoltatore "si riconosce totalmente in essa ed in essa riconosce la struttura essenziale della propria immagine del mondo"[11].

Comunemente la fiaba ha un certo tipo di ambientazione ben definita: boschi, foreste, castelli isolati, lontani regni fatati, piccole casette molto strane; un mondo caratterizzato da un aspetto popolare, rurale e fantastico, in un paesaggio mutevole e imprevedibile ma allo stesso tempo profondamente "quotidiano"; come specifica Bruno

---

[9] G. Dolfini, "Sulla universalità della fiaba", in *Tutto è Fiaba* , Atti del Convegno internazionale di studio sulla fiaba. Milano 1980. p. 34

[10] M. Billi, *Il Testo Riflesso*, Napoli 1993, p. 204.

[11] G. Dolfini, op. cit. p 34

Bettelheim nella sua analisi del mondo fiabesco: "Benchè gli eventi che si verificano nelle fiabe siano spesso insoliti e assai improbabili, sono sempre presentati come ordinari [...]. Anche gli incontri più straordinari sono raccontati nelle fiabe in tono casuale, come se fossero una faccenda di tutti i giorni"[12]. In questo paesaggio sospeso tra il sogno e la realtà, l'eroe della fiaba affronta la sua avventura.

Inoltre, "nelle fiabe il male è onnipresente come la virtù [...] non è privo delle sue attrattive [...] e spesso ha temporaneamente la meglio"[13].

Infine la fiaba, con rare eccezioni, si conclude generalmente con un lieto fine, sia esso un matrimonio o la felice soluzione di una avventura o la risoluzione di un problema, che illumina positivamente le esperienze fatte e le difficili prove superate dall'eroe; lieto fine che Joseph Campbell

---

[12] B. Bettelheim, *Il Mondo Incantato*, Feltrinelli, Milano 1977, II ed. 1985 p. 40.

[13] B. Bettelheim, op. cit. p. 14

interpreta come "una trascendenza dell'universale tragedia dell'uomo"[14].

Con il passare del tempo la fiaba assume forma scritta, dapprima permanendo nel suo carattere popolare, poi facendosi man mano più colta, finchè verso la fine del Seicento in Francia essa diventa un genere letterario in piena regola con l'opera di Charles Perrault, *Contes de ma mère l'Oye* (*I racconti di mamma Oca*, 1697).

La raccolta di Perrault contiene undici racconti, di cui otto scritti in prosa e tre in poesia, su soggetti ripresi da antiche fiabe orali e popolari tradizionali, riveduti però alla luce della cultura del tempo e permeati di didatticismo.

Seguono poi altre raccolte come quella di Mme D'Aulnoy, mentre nel Settecento il Galland traduce in francese le *Mille e una Notte* .

---

[14] J. Campbell, *L'Eroe dai Mille Volti* , Feltrinelli, Milano 1958, p.32

Come ci informa il Bettelheim : "Attraverso i secoli [...] durante i quali, con le successive rielaborazioni, diventarono sempre più raffinate, le fiabe finirono per trasmettere nello stesso tempo significati palesi e velati, [...] comunicando in modo tale da raggiungere la mente ineducata del bambino nonché quella del sofisticato adulto"[15].

Grazie poi al Romanticismo e alla "sensibilità romantica", durante l'Ottocento la fiaba conosce un periodo di grande fortuna, poiché evoca un mondo misterioso e remoto e perché allo stesso tempo è espressione della creatività popolare. Così, in questo periodo, numerose raccolte e nuove creazioni fioriscono ampiamente in tutta Europa.

Appartengono a questo periodo le *Kinder und Hausmärchen* (*Fiabe per bambini e famiglie* , 1812) dei fratelli Grimm, raccolte direttamente da tradizionali racconti orali.

---

[15] B. Bettelheim, op. cit. p. 40

Legati alla letteratura fiabesca, sempre dello stesso periodo sono pure i nuovi generi di letteratura fantastica che sorgono con i racconti di L. Teck e E. T. A. Hoffmann, Ch. Dickens, e persino i racconti "neri" di E. A. Poe e N. Hawthorne.

Solo nel Novecento, però, cominciano veri e propri studi sulla fiaba, sulle sue caratteristiche strutturali in quanto patrimonio folklorico e genere letterario a sé stante.

E' con Propp che nel 1928 , attraverso l'opera *Morfologija Skaski* (*Morfologia della Fiaba*)[16], si inaugurano gli studi di analisi formale applicata specificamente alla fiaba, dando il via a dibattiti tutt'ora in espansione.

Lo studio intrapreso da Propp prosegue i lavori avviati da Tomaševkij e dagli altri formalisti russi all'interno del Circolo Linguistico di Mosca (1915). Già Tomaševkij infatti distingueva due livelli del testo : fabula e intreccio: " [...] la fabula

---

[16] V. Propp, *Mofologija Skaski*, Academia, Leningrad 1928

è un insieme di motivi nel loro logico rapporto causale-temporale, mentre l'intreccio è l'insieme degli stessi motivi nella successione e nel rapporto in cui sono presentati nell'opera"[17], dove – come specifica Segre – "la parola motivo designa una piccola unità tematica [...], che rappresenta già un elemento di contenuto e di situazione" [18].

Come "unità significativa minima del testo"[19], il motivo è un elemento indivisibile della narrazione, "tale comunque da caratterizzare un testo" : può essere ad esempio individuato in un personaggio, in un' azione o in una circostanza, in una qualsiasi situazione specifica che –unendosi ad altri motivi– vada a formare il tema del racconto.

Si tratta insomma di un termine polivalente, che abbraccia in sé diversi valori (e ricordiamo che "il motivo" può avere anche il carattere di elemento

---

[17] Tomaševkij , *Teorija Literatury – Poetika*, Leningrad 1928 in Segre, *Avviamento all' Analisi del testo letterario*, Torino 1985. p. 102

[18] C. Segre, op. cit, p 340

[19] C. Segre, op. cit, p 340 e ssg

tematico ricorrente, con valore di sottolineatura e potenziamento, come il musicale Leitmotif).

I "motivi" saranno anche l'elemento su cui Propp focalizzerà la sua attenzione alcuni anni più tardi, individuando le "funzioni" e isolando però solo un valore specifico del "motivo" , come vedremo.

Propp prende in considerazione un particolare gruppo di fiabe, quelle popolari di magia e solo quelle della tradizione russa, con l'intento di individuarne e classificarne le caratteristiche morfologiche. Propp intende il suo studio come una analisi scientifica del materiale e ribadisce anche in seguito il "carattere assolutamente empirico, concreto, particolareggiato della [...] ricerca" (in risposta alle obiezioni sollevategli da Lévi-Strauss).

Secondo il suo punto di vista, "l'analisi secondo le parti componenti minori è il corretto metodo di studio"[20]; ed è per questo che egli prima di tutto cerca di definire quali siano quelle "parti

---

[20] Propp, op. cit. p. 18

componenti minori". La prima osservazione che lo spinge è che "la favola usa attribuire con estrema facilità le medesime azioni a persone, oggetti e animali"[21] e che perciò "Per l'analisi della favola è [...] importante che cosa fanno i personaggi e non chi fa o come fa"[22], cioè è importante capire quali sono le principali funzioni di una fiaba, intendendo per funzione "l'operato di un personaggio determinato dal punto di vista del suo significato per lo svolgimento della vicenda"[23].

Le funzioni che Propp individua sono costanti, almeno nel gruppo di fiabe da lui preso in considerazione, e sono in numero limitato (trentuno funzioni di base), riunite in uno schema unico, articolato in alcune sequenze più o meno fisse, in cui le funzioni vanno a disporsi in un ordine narrativo determinato.

---

[21] Propp, op. cit. p. 10
[22] Propp, op. cit. p. 26
[23] Propp, op. cit. p. 27

Naturalmente, come Propp precisa, non tutte le funzioni compaiono sempre in tutte le fiabe, ma ciò non disturba l'ordine della sequenza che rimane immutato: "l'assenza di alcune funzioni non muta l'ordine delle altre"[24].

Le trentuno funzioni così determinate vengono contrassegnate da Propp con una sigla e con una definizione (per es. Allontanamento, e ; Divieto, k; ..ecc.) e disposte in successione logica così da formare il modello base di tutte le fiabe di magia:

"tutte le funzioni si dispongono in successione logica in un unico racconto.

La serie di funzioni qui delineata rappresenta dunque la base morfologica di tutte le favole di magia" [25]

Reintegrando poi i personaggi nella struttura narrativa del testo, Propp ricorda l'instabilità e la

---

[24] Propp, op. cit. p. 28

[25] Propp, op. cit. p. 31

variabilità estrema delle motivazioni, dei nomi e degli attributi che li caratterizzano; poi suddivide le funzioni secondo determinate "sfere d'azione" dei personaggi-esecutori, laddove ogni sfera d'azione può essere ripartita fra più personaggi ed ogni personaggio può abbracciare più sfere d'azione.

Molti studiosi dopo Propp hanno criticato e contestato la fissità della sequenza di funzioni da lui individuata ed ancor più il fatto che i personaggi siano così poco considerati rispetto all'azione.

Lamenta infatti Segre : "Propp sembra tenerne pochissimo conto. Egli li definisce partendo dalle funzioni e non viceversa; egli li priva di una fisionomia e di un carattere precedente l'azione"[26].

Partendo dall'analisi proppiana, Claude Bremond tenta di stabilire un modello più ampiamente valido, non solo cioè per le fiabe di magia russa ma in genere per tutte le tipologie della fiaba e per questo pone all'interno dello schema narrativo

---

[26] C. Segre , op. cit. p. 199

anche i personaggi, le alternative d'azione o non azione , le motivazioni, le alterne riuscite o i fallimenti.

Egli afferma che : "La sequenza può, fino a un certo punto, disfarsi e riorganizzarsi per esprimere l'evoluzione psicologica o morale di un personaggio"[27].

Suddividendo ogni azione in una triade elementare di tre termini "corrispondente ai tre tempi che seguono lo sviluppo di un processo: virtualità, passaggio all'atto, conclusione"[28], Bremond propone uno schema in cui ogni azione comporta due alternative opposte fra loro: la virtualità può passare o non passare all'atto e l'atto può giungere o non giungere a conclusione. In questa proposta di analisi ad ogni sequenza troviamo inoltre approfondito il ruolo del personaggio che è agente

---

[27] C. Bremond , *Logica del Racconto*, Bompiani, Milano 1977, p 23

[28] C. Bremond, op. cit. p. 49

o paziente, volontario o involontario, beneficiario o vittima, miglioratore o peggioratore e così via.

Inoltre per ogni azione che viene intrapresa o non intrapresa da un personaggio nel corso della narrazione, Bremond analizza le motivazioni che spingono l'agente: il personaggio si decide ad agire o a non agire in base a considerazioni di tipo edonistico (piacere personale), pragmatico (utilità, vantaggio pratico) o etico (dovere), ed inoltre influenzato da eventuali informazioni vere o false, obblighi o divieti, consigli positivi o negativi.

Insomma, come spiega Cesare Segre, "a livello di fabula, i personaggi – o anzi i loro rapporti – sono altrettanto importanti che le azioni [...] i mutamenti nel poligono dei personaggi sono la molla segreta dell'azione".[29]

Ad ogni modo, al di là di queste analisi sulla struttura profonda del racconto, lo stesso Bremond riconosce che rimane pur sempre "nella trama un

---

[29] C. Segre, op. cit. p. 200

certo numero di informazioni non riducibili a proposizioni narrative, che non enunciano degli avvenimenti e che tuttavia sono importanti per la comprensione globale del messaggio: descrizioni di personaggi, effusioni liriche, sentenze didattiche, meditazioni filosofiche [...]"[30].

Accanto a Bremond, all'incirca negli stessi anni, studia il problema in Francia anche il bulgaro Tzvetan Todorov; egli applica all'analisi narrativa un modello linguistico e sintattico, individuando i "predicati" di base dei rapporti che legano i personaggi, cioè i verbi principali che stabiliscono le azioni caratterizzanti di un racconto; Todorov definisce così "due tipi di segmenti [...] nella catena di successione del racconto. Il primo lo chiameremo **proposizione** [...] : corrisponde a una certa azione, e a questo livello dell'analisi costituisce la nostra unità minimale. Il secondo sarà

---

[30] C. Bremond, op. cit. p. 245

chiamato **sequenza** : formato da diverse proposizioni [...]"[31].

Tali proposizioni si succedono così all'interno della sequenza secondo relazioni di consecutività, e dunque in ordine temporale, o di consequenzialità e dunque secondo rapporti di causa-effetto.

L'interesse di Lévi-Strauss si dirige invece verso una struttura a-temporale della narrativa, in cui le proppiane funzioni-predicato orientano dall'interno la narrazione, determinandone a priori lo svolgimento in base a rapporti semantici fra le funzioni stesse: infatti per Lévi-Strauss le funzioni sarebbero scomponibili ulteriormente in elementi semici che collegano e ordinano "idealmente la serie di funzioni riscontrate in un racconto non solo orizzontalmente, in un nesso paradigmatico, ma anche verticalmente (mettendo in corrispondenza funzioni con semi comuni), in un nesso sintagmatico"[32].

---

[31] T. Todorov, *Poetica*, in *Che cos'è lo strutturalismo?* , ILI, Milano 1971, pp. 105-185

In tal modo le azioni (funzioni) in base al loro contenuto semico orienterebbero il significato globale del racconto; un concetto vicino in parte a ciò che Umberto Eco dirà più tardi delle "fabulae prefabbricate: tali sarebbero gli schemi standard [...] regole di genere [...] dove devono entrare certi ingredienti in successione definita"[33]e anche a quelle che, ancora Eco, chiama "sceneggiature-motivo, dove si individuano certi attori [...], certe sequenza di azioni [...], certe cornici"[34].

Queste sono alcune delle teorie elaborate a partire dall'analisi formalista di Propp.

Ma, fermo restando il riconoscimento dell'importanza dell'analisi proppiana per la comprensione della struttura narrativa della fiaba, molti studiosi se ne sono in diversa misura distaccati.

---

[32] Lévi-Strauss, *La struttura e la Forma*, in C. Segre, op. cit. p. 109

[33] U. Eco, *Lector in Fabula*, Bompiani, Milano 1979, p. 82

[34] Ibidem

L'antropologo francese Lévi-Strauss si oppone infatti ad alcune delle tesi di Propp: prima di tutto contesta l'idea espressa dallo studioso russo circa la discendenza storica della fiaba dal mito.

Lévi-Strauss osserva, al contrario, come presso molti popoli coesistano le due forme narrative e come "dei racconti che hanno il carattere di favole in una certa società. Sono miti per un'altra, e viceversa: [...] in forma identica o trasformata, nei miti e nelle fiabe di una popolazione si ritrovano gli stessi racconti, gli stessi personaggi, gli stessi motivi"[35].

Una seconda obiezione mossa da Lévi-Strauss a Propp è che questi divide troppo nettamente forma e contenuto, concedendo al contenuto "solo una importanza accessoria" e che perciò l'analisi proppiana della struttura narrativa rimarrebbe

---

[35] Lévi-Strauss, *Riflessioni su un'opera di V.Propp* , in appendice all'ed. it. de *La Morfologia della Fiaba*, op. cit. p. 180.

astratta e vuota, privata di significato perché ormai slegata da ogni materiale concreto.

Come abbiamo già accennato, in risposta a ciò Propp ribadisce che il suo lavoro è "frutto dell'analisi del materiale e non di un'astrazione"[36].

Infine Lévi-Strauss confuta anche la scelta delle trentuno funzioni che formano la serie individuata da Propp e afferma che "molte appaiono riducibili, assimilabili [...] ad una stessa funzione, che riappare [...] dopo aver subito una o più trasformazioni"[37].

La chiara risposta di Propp riconferma le sue idee sul rapporto fra mito e fiaba, rimandando per una più completa trattazione del materiale alla successiva opera, *Le Radici Storiche dei Racconti di Fate* :

---

[36] V. Propp, op. cit. p. 207

[37] Lévi-Strauss , op. cit. p. 191

"*La* Morfologia *e le* Radici Storiche *rappresentano per così dire le due parti [...] di un'unica ampia opera [...]. Non si può scindere l'indagine formale da quella storica né contrapporla ad essa [...]l'analisi formale, la precisa descrizione sistematica del materiale [...] sono condizione e premessa della ricerca storica*".[38]

In questa seconda opera Propp esamina –sempre partendo dalla struttura definita nella *Morfologia* – quei contenuti che aveva momentaneamente messo da parte, e reintegra così l'indagine storica con quella formale.

Qui Propp assume una prospettiva marxista, tentando di riconoscere a quali elementi storico-sociali risalgano i contenuti delle fiabe di magia. E' così che molti elementi vengono fatti risalire a "riti e miti primitivi" e specialmente al ciclo dell'iniziazione e alle rappresentazioni della morte.

---

[38] V. Propp. op. cit. p. 211

Secondo Propp "molti motivi [...] rispecchiano istituti realmente esistiti" e "il racconto di fate ha conservato le tracce di numerosissimi riti e usanze"[39]

.

I due principali riti cui Propp collega l'origine dei racconti di fate sono quello della "iniziazione dei giovani al sopraggiungere della pubertà", collegato anche alla preparazione al matrimonio, e parallelamente quello del "viaggio dei defunti nell'oltretomba".

Vediamo a questo punto come si profili l'accostamento di etnologia e letteratura, che porterà negli anni Cinquanta al fiorire della critica mitologico-rituale e alle comparazioni fra fiaba e rito, sia per quanto riguarda la struttura narrativa che per quanto riguarda i temi.

D'altra parte poi entrambe i generi verranno accostati e confrontati con il sogno e le strutture

---

[39] V. Propp, *Le Radici Storiche dei Racconti di Fate*, Boringhieri, Universale Scientifica, Torimo 1972, pp. 35-37

dell'inconscio, facendo sorgere un altro orientamento della critica letteraria, quello a fondamento psicologico.

Secondo quanto fa presente Meletinskij, "L'idea della priorità del rito sul mito è stata tenacemente sostenuta" e "il fondatore del ritualismo del XX secolo fu senz'altro Frazer"[40].

Frazer, infatti, con *The Golden Bough* (1890), formulò la teoria dell'evoluzione della cultura dallo stadio magico a quello religioso e a quello scientifico.

Nello stesso periodo anche Veselovskij lavorava sulla comparazione del folclore e del mito, studiandone la base psicologica e storica.[41]

Ancora secondo Meletinskij, "Veselovskij fu tra i primi a intuire il significato dell'etnologia per la comprensione della genesi della poesia [...],

---

[40] E. Meletinskij , *Il Mito*, Editori Riuniti, Roma 1993, p. 25

[41] Veselovskij, *La mitologia comparata e il suo metodo*, 1873; *Le Byline russe meridionali*, 1881-84

secondo Veselovskij sono le diverse situazioni storico-culturali che conferiscono di volta in volta alle forme letterarie un contenuto vivo"[42].

Propp aveva anticipato nella *Morfologia* l'assunto base delle *Radici Storiche*, cioè che "La favola conserva nel suo intimo le tracce del più antico paganesimo, gli usi e i riti arcaici"[43] e che "L'inizio [...] del processo di rinascita del mito nella fiaba si manifesta nel distacco [...] dal rituale"[44].

Pur ammettendo che la sua tesi "non può essere veramente provata", Propp afferma che la fiaba, distaccatasi così dal rito, "evade nella libera atmosfera della creazione artistica che riceve il suo impulso da fattori sociali già diversi"[45].

Alla formula dei riti di passaggio ("separazione-iniziazione-ritorno") anche Joseph Campbell collega "la parabola convenzionale dell'avventura

---

[42] E. Meletinskij, op. cit. p. 124-125

[43] V. Propp, *Morfologia*, op. cit. p. 93

[44] V. Propp, *Radici Storiche*, op. cit. p. 573

[45] V. Propp, *Radici Storiche*, op. cit. p. 574

dell'eroe"[46] , pur differenziando il "trionfo domestico, microcosmico" dell'eroe delle favole da quello "di portata storica e universale" raggiunto invece dall'eroe del mito[47]. L'interpretazione di Campbell è comunque piuttosto di tipo psicologico, in vista dell'insegnamento morale che la fiaba dovrebbe impartire all'inconscio infantile e individuale in genere.

Al contrario Malinovskij, seguendo le tesi dell'antropologia culturale, riconduce il mito ad una funzione pratica, all'interno delle società arcaiche, come codificatore delle regole e delle tradizioni tribali.

Anche Lévi-Strauss sottolinea la differenza tra fiaba e mito, trovandola nel fatto che la fiaba si costruisce elementi sociali, locali, morali, piuttosto che cosmologici o metafisici come il mito. Lo studioso individua nella narrazione folclorica gli

---

[46] J. Campbell, op. cit. p. 33

[47] J. Campbell, op. cit. p. 40

stessi meccanismi del pensiero mitologico, il quale avrebbe una sua caratteristica logicità: esso infatti sarebbe basato su delle "opposizioni binarie" fondamentali (alto/basso, caldo/freddo, sinistro/destro, vita/morte, cultura/natura, umano/animale, crudo/cotto, secco/umido, ecc.), le cui contraddizioni verrebbero mediate e attenuate attraverso il racconto mitologico. Lo stesso fondamento oppositivo e metaforico avrebbe quindi la fiaba, limitando però la sua attenzione alle sorti sociali e individuali. La fiaba insomma sarebbe più legata a fattori esterni, alle "condizioni reali di vita".

Un ampio studio del mito, della critica mitologica fino ai giorni nostri e del mitologismo presente nella letteratura contemporanea, è stato svolto infine da Eleazar Meletinskij[48]. Secondo lo studioso, il mito è strettamente connesso alla cultura e all'ordinamento della società che lo ha

---

[48] E. Meletinskij, *Poetika Mifa*. 1993. trad. it. Editori Riuniti, Roma 1993

prodotto: ogni diversa realtà storica produce un diverso tipo di mito o di mitologizzazione. Meletinskij critica il ritualismo stretto, in quanto "conduce inevitabilmente alla sottovalutazione del significato intellettuale e conoscitivo del mito"[49] e del resto non si può neppure "dissolvere la mitologia nella psicologia [...]. La mitologia è molto più sociale e ideologica"[50].

Miti e riti, insomma, avrebbero secondo Meletinskij una funzione soprattutto sociale, tendente a "inserire l'individuo nella collettività" e quindi a regolarne il comportamento reciproco (soprattutto regole matrimoniali e familiari).

Di conseguenza, riprendendo le idee di Propp, la fiaba anche per Meletinskij "utilizza i motivi mitologici connessi ai riti iniziatici", passati però attraverso la "deritualizzazione, la desacralizzazione, [...] lo sviluppo di

---

[49] E. Meletinskij, op. cit. p. 31
[50] E. Meletinskij, op. cit. p. 170

un'invenzione consapevole, [...] il trasferimento dell'attenzione dalle sorti collettive a quelle individuali e da quelle cosmiche a quelle sociali"[51].

Contemporaneamente all'analisi strutturalistica e a quella mitologica della fiaba, procede anche il tentativo di un'analisi psicologica.

Come dice M. Lavagetto, "Il mondo della fiaba, della leggenda, del folclore costituisce [...] il luogo di una mimesi largamente praticata: scoprire cosa si nasconde dietro la copertura significa anche [...] scoprire il significato della fiaba"[52].

E' dalle idee di Freud e più tardi di Jung che nasce questo tipo di ricerche. Jung, infatti, prendendo in considerazione la fiaba e il mito, li collega strettamente alle immagini prodotte dall' INCONSCIO COLLETTIVO , e agli ARCHETIPI (sorta di categoria dell'immaginazione), facendone dei prodotti spontanei della mente.

---

[51] E. Meletinskij, op. cit. p. 282

[52] M. Lavagetto, *Tutto è Fiaba*, in *Atti del Convegno internazionale di studio sulla fiaba*, op. cit. p. 69

Come osserva Meletinskij, "l'approccio junghiano trascura la specificità dell'aspetto sociale e lo dissolve interamente in quello psicologico"[53].

Anche Joseph Campbell mostra un approccio psicologico all'analisi della fiaba; egli identifica l'inconscio infantile con "il regno nel quale entriamo nel sonno e che portiamo costantemente in noi, e dove si sono rifugiati tutti gli orchi, gli eroi, le immagini favolose dell'infanzia"[54], quindi un mondo di fantasia che ci accompagna anche nella nostra vita adulta a livello inconscio. Infatti, secondo Campbell, gli avvenimenti delle fiabe sono così irreali e fantastici perché "rappresentano dei trionfi psicologici, non fisici"[55]; allo stesso modo l'eroe delle fiabe non è reale ma è "il simbolo di quella divina immagine creatrice e redentrice che è celata entro tutti noi"[56]. Anche le descrizioni del

---

[53] E. Meletinskij, op. cit. p. 60

[54] J. Campbell, *L'eroe dai mille volti*, op. cit. p. 23

[55] J. Campbell, op. cit. p. 32

[56] Ibidem, p. 41

paesaggio, allo stesso modo, sono per Campbell simboliche e offrono "libero campo alla proiezione di contenuti inconsci [...] forme che evocano minacciosa violenza e pericolose delizie"[57]. Contrariamente a Jung, però, Campbell ritiene che le fiabe e i miti, pur avendo origine dalle stesse fonti inconsce del sogno, non siano dei "prodotti spontanei del sonno", ma siano al contrario "consciamente controllati" e finalizzati anzi a "tradurre in forme impersonali e classiche le crisi e le azioni della vita dell'individuo"[58].

Una analisi di stampo quasi freudiano è invece quella di Bruno Bettelheim. Per lui le fiabe evocano in noi delle associazioni, consce e inconsce, che dipendono dalle nostre "basi ideologiche generali e dalle [...] preoccupazioni personali"[59].

---

[57] Ibidem, p. 76

[58] Ibidem, pp. 228 e 339

[59] B. Bettelheim op. cit. p. 19

Le fiabe, però, non ci parlano direttamente bensì in modo simbolico, allusivo, attraverso le immagini della nostra fantasia. Inoltre, come Freud nei sogni, Bettelheim vede nelle fiabe un gran numero di simbologie legate al sesso e ai tabù sessuali, dai desideri edipici a quelli distruttivi, che costellano la crescita psicologica e morale di ogni individuo. In quest'ordine di idee, Bettelheim analizza le più famose fiabe europee, come *Cappuccetto Rosso*, *Biancaneve*, *La Bella e la Bestia*, *La Bella Addormentata*, *Barbablù*, svelando i significati sessuali nascosti dietro la loro facciata apparentemente innocente.

Un ulteriore tentativo di interpretazione verte sull'analisi delle componenti e dei modi di funzionamento che sono alle radici del racconto.

Sorta con l'avanzare degli studi scientifici di linguistica e di stilistica che hanno cominciato ad indagare l'aspetto formale dei testi letterari, questa analisi procede di pari passo con quella storiografica e quella della critica letteraria.

E' in pratica l'analisi degli intrinseci modi del testo, avviata con gli studi di linguistica generale di Ferdinand de Saussure (1916); tale strutturalismo linguistico si è poi sviluppato nell'ambito della teoria della letteratura con R. Jakobson che evidenzia sei fattori costitutivi del discorso: codice, contesto, emittente, destinatario, messaggio, contatto; e sei funzioni del discorso stesso: conativa, referenziale, metalinguistica, poetica, fàtica ed emotiva.

Già Hjemslev, ne *I Fondamenti della Teoria del Linguaggio*, aveva operato una distinzione tra contenuto ed espressione dell'opera letteraria, riconoscendo due livelli di significazione veicolati dal testo: un livello denotativo, immediato, ed un livello connotativo sovraesposto a quello.

Il livello connotativo è quello che maggiormente si può evidenziare per mezzo dello stile di un autore, secondo la formula enunciata da M. Riffaterre: "Il messaggio esprime e lo stile evidenzia".

Livello denotativo e connotativo sono concetti molto vicini a quanto Greimas dice a proposito dei "due scopi cui mira il senso quando si manifesta: configurarsi come SENSO ARTICOLATO, vale a dire come significazione, e come DISCORSO SUL SENSO, vale a dire come una grande parafrasi che sviluppi a suo modo tutte le articolazioni anteriori del senso"[60].

A garantire la coerenza del discorso letterario su tutti i livelli, sarebbe una serie di elementi testuali ed extratestuali, tanto all'interno della struttura sintattica quanto di quella semantica, ad esempio, agirebbe l'ISOTOPIA, definita da Greimas come "un insieme di categorie semantiche ridondanti che rendono possibile la lettura uniforme di una storia"[61] , ossia la reiterazione di determinati vocaboli

---

[60] Greimas, *Del Senso,* Bompiani, Sonzogno, Milano 1974, p. 169
[61] Ibidem, p. 170

appartenenti a uno stesso campo semantico, che tendano a guidare la lettura del testo verso determinate interpretazioni. Ogni testo letterario, infatti, può "essere letto contemporaneamente in due o più modi e un modo rafforza l'altro anziché eliminarlo"[62]; attraverso la lettura, il testo attualizza alcuni dei suoi significati potenziali, a seconda del tipo di interpretazione che il lettore di volta in volta ne darà. E' il testo stesso, però, che per mezzo delle sue strutture guida la maggior parte di tali interpretazioni possibili. Nonostante ciò che Peter Brooks chiama *"the reader's vital role in the understanding of plot"*[63], il testo si serve delle competenze linguistiche e culturali del lettore per suggerirgli qualcosa di più o per smentire implicitamente ciò che invece esplicitamente afferma.

---

[62] U. Eco, op. cit. p 99

[63] Peter Brooks, *Readings for the Plot, design and intention in narrative*, Oxford, Clarendon Press, 1984, p 14

Come nota infatti Segre, "ci sono connessioni strettissime fra scelta dell'argomento, del genere, dei mezzi stilistici e linguistici"[64]; e la scelta che l'autore effettua fa affidamento sulla competenza del lettore. Tale competenza è anzitutto linguistica e testuale, ma comprende anche una più o meno ampia enciclopedia di conoscenze culturali in genere e più specificamente letterarie; ci dice ancora Segre: "fitte connessioni [...] a vari livelli, legano gli sviluppi della società, della letteratura come istituzione e delle singole opere letterarie"[65], ed ogni testo si presenta non a sé stante ma correlato a tutto l'insieme dei testi prodotti in precedenza, nell'ambito di quella "tradition" di cui parlava T.S. Eliot[66] nei cui confronti il nuovo testo si pone come continuatore o negatore.

---

[64] C. Segre, op. cit. p. 37

[65] Ibidem, p 134

[66] T.S. Eliot, *Tradition and the Individual Talent*, in Enright, De Chichera, *English Critical Texts*, Oxford University Press, London 1982 (VI ed.), pp. 293-301

Al limite di tale intertestualità, troviamo il rifacimento e la parodia, che si serve dei clichés e dei modelli imposti dalla tradizione, per esprimere valori ad essa contrari. La parodia ridiscute i sistemi codificati e si pone polemicamente nei confronti della tradizione, "entrando così nella tradizione e mutandovi regole e convenzioni attraverso la diversa combinatoria di elementi messa in atto nell'opera individuale"[67].

Il concetto di tradizione è stato introdotto da T. S. Eliot:

"Tradition [...] involves, in the first place,
the historical sense [...] and the historical sense involves
a perception not only of the pastness of the past,
but of its presence;
the historical sense compels a man to write [...]
with a feeling
that the whole of the literature [...] has a
simultaneous existence

---

[67] M. Billi, *Il Testo Riflesso*, op. cit. p. 124

and composes a simultaneous order"[68]

Così ogni testo che viene prodotto entra in relazione con altri testi, li rilegge, li trasforma o li riattiva, in un continuo discorso di intertestualità.

Tutte le direzioni di ricerca, fin qui solo parzialmente mostrate, dall'analisi formalista di Propp a quella etnologica di Lévi-Strauss, a quella mitologico-rituale e a quella psicologica, nonché quella più propriamente linguistica e letteraria, si trovano più o meno strettamente collegate l'una all'altra negli studi degli ultimi decenni. E' così che un'opera, vecchia o nuova, viene studiata ed esaminata da più punti di vista contemporaneamente, nel tentativo di cogliere sempre più approfonditamente il messaggio(o i messaggi) che il testo veicola. In particolare la fiaba e il mito hanno trovato una rinnovata importanza sia per gli autori che per i critici,

---

[68] T. S. Eliot, op. cit.

portando a quello che Meletinskij definisce "mitologismo del XX secolo", il quale rielabora forme e motivi della precedente produzione mitologica e folclorica, permeando però quelle forme e quei motivi di nuove immagini tratte dalla realtà contemporanea, nuovi simboli, nuovi significati. I modelli tradizionali vengono così riproposti in vesti nuove, spesso messi in discussione con umorismo e ironia, portati a significare nuovi valori o a riproporre vecchi valori in modi nuovi.

CAPITOLO II

ANGELA CARTER E LA RISCRITTURA DELLA FIABA,

la donna della fiaba come metafora della realtà della donna.

1) I VALORI E MODI TRADIZIONALI DELLA FIABA.

Secondo il panorama brevemente delineato nel capitolo precedente, dunque, abbiamo visto come ogni racconto si basi su una struttura specifica; tale struttura è legata al genere letterario in questione, alla cultura entro cui il testo è prodotto, alle regole sintattiche e semantiche proprie della lingua di chi lo produce, alla situazione personale dell'autore e a quella sociale ed economica che lo circonda.

Ciò è vero tanto più per la fiaba, la quale generalmente deve sottostare a delle modalità precise consacrate dalla tradizione e deve esprimere determinati valori attraverso una data tipologia di personaggi, di immagini e di funzioni (nel senso dato da Propp alla parola).

C. Segre parla in proposito di "materiali figurativi convenzionali che confluiscono nell'opera d'arte: materiali [...] definibili in qualche modo come dei clichés [...] che permettono di individuare l'esistenza della tradizione"[69].

Ma d'altra parte, come ci ricorda Laura Verdi[70], ogni fiaba è anche "veicolo di aspetti e contenuti storico-sociali di un'epoca" perché in essa di volta in volta si integrano elementi culturali, sociali,

---

[69] C. Segre, *Avviamento all' analisi del testo letterario*, Einaudi, Torino 1985, p 336

[70] L. Verdi, *Il regno incantato*, CSRR, Padova 1980, p. 33

economici e religiosi di questo o quel determinato periodo storico.

Il modello di genere su cui tradizionalmente la fiaba è costruita, pur nella vasta e variegata molteplicità degli intrecci particolari e nel continuo cangiare degli aspetti descrittivi, è dunque piuttosto semplice e fisso: vi è innanzi tutto un qualche luogo non meglio identificato (per es. un paese lontano), in un tempo remoto, dove si situa la storia di un eroe; l'eroe (o l'eroina) della fiaba non è ultraterreno né mitico, ma umano –anche se è universalmente diffuso il tema della nascita miracolosa dell'eroe- e vive in genere con la propria famiglia una vita abbastanza tranquilla. A questo punto interviene qualcosa o qualcuno che minaccia tale tranquillità e così per risolvere la situazione l'eroe comincia la sua avventura. Quasi sempre c'è un viaggio dell'eroe, ed uno o più antagonisti che ne ostacolano l'impresa. Varie sono le prove cui può dover sottostare l'eroe, dalle più semplici a quelle realmente impossibili, prima di poter finalmente sconfiggere l'antagonista e ritrovare la tranquillità.

Infine quasi sempre la fiaba si conclude con il ritorno dell'eroe o il matrimonio o la salita al trono.

In ogni caso è d'obbligo il lieto fine.

Resta valido comunque ciò che afferma Propp ne *Le Radici Storiche*: "Una sventura qualsiasi è la forma fondamentale dell'intreccio. Dalla sventura e dalla reazione nasce il soggetto"[71]; la fiaba, infatti, dovrebbe servire a rassicurare inconsciamente il bambino (o l'adulto in difficoltà) che la ascolta, spingendolo a lottare tenacemente contro le avversità della vita perché alla fine sicuramente tutto andrà per il meglio (tale, almeno, è l'interpretazione psicologica data da Bruno Bettelheim).

L'eroe o l'eroina (fin dal principio o al contrario solo in seguito) mostrano di possedere rare e positive qualità, sia di bellezza esteriore sia di

---

[71] Propp, *Le Radici Storiche*, op. cit. p. 73

carattere, anche se in genere sono trattati male dagli altri personaggi della fiaba, perseguitati o cacciati, comunque messi in difficoltà.

Come nota Campbell, "il bambino del destino deve attraversare un lungo periodo di oscurità. E' un periodo pieno di pericoli, di ostacoli e di umiliazioni"[72] .

Il seguente viaggio dell'eroe è stato sovente interpretato come simbolo del viaggio nell'oltretomba, comunque un mondo "altro", diverso da quello in cui l'eroe abita normalmente, o come simbolo della temporanea segregazione del giovane del giovane durante il rito d'iniziazione, prova d'ingresso nell'età adulta; e del resto i due motivi sono collegati: secondo quanto afferma Propp, "Si riteneva che durante il rito il fanciullo morisse e quindi resuscitasse come un uomo nuovo"[73]. Lo stesso senso avrebbe pure il motivo

---

[72] J. Campbell, *L'Eroe dai Mille Volti*, op. cit. p. 287

[73] Propp, *Le Radici Storiche*, op. cit. p. 89

quasi immancabile dell'ingresso nella foresta: essa è fitta, buia, misteriosa. Secondo Bettelheim, la foresta in cui l'eroe si perde (e noi con lui) "Fin dall'antichità [...] ha simboleggiato l'oscuro, nascosto [...] mondo del nostro inconscio"[74], ma essa è anche più semplicemente la figurazione di un ambiente sconosciuto, in cui non vale l'ordine normale della società civilizzata e dove è facile imbattersi in pericoli e tranelli o in ambigui personaggi pericolosamente attraenti. Infatti, come ricorda Campbell, "per il bambino il pericolo è là dove non giunge la protezione dei genitori, e per il membro della tribù là dove non giunge la protezione della sua società"[75].

Gli animali, magici o meno, amichevoli o pericolosi, che si incontrano nel bosco, rappresenterebbero invece simbolicamente la parte istintiva, animale, inconscia, irrazionale che è in

---

[74] B. Bettelheim, *Il Mondo Incantato*, op. cit. p. 93

[75] J. Campbell, *L'Eroe dai Mille Volti*, op. cit. p. 75

noi e che dobbiamo affrontare e dominare per poter entrare nella vita matura, adulta.

Spesso, poi, la figura dell'antagonista nasconderebbe in realtà i genitori-educatori, che spingono i figli ad affrontare la vita adulta e a diventare così uomini e donne, pronti alla vita in società e al matrimonio.

Concordiamo con Greimas secondo cui "vi è un ultimo elemento strutturale [...] : la disgiunzione spaziale [...]. Nei confronti di un "qui" sociale, solo un "altrove" permette l'isolamento dell'eroe e il compimento delle trasformazioni di valori"[76].

Ricordiamo che, secondo lo studioso francese Saintyves, anche le fiabe comuni di *Pollicino, Cappuccetto Rosso, Barbablù*, risalirebbero in tal modo a riti dell'iniziazione e prematrimoniali[77].

---

[76] Greimas, *Del Senso*, op. cit. p. 248-49

[77] Saintyves, *Les Contes de Perrault et les récits paralléles*, Paris 1923, pp 235-498

E' con il distacco dal rito che la fiaba si fa più libera e flessibile, diventando un vero e proprio genere letterario e artistico.

Cambiando il contesto sociale e culturale, naturalmente, vanno modificandosi anche i contenuti della fiaba; tali nuovi contenuti vengono inseriti a posteriori nelle forme e nelle strutture tradizionali, ma tendono poi a modificarle dall'interno (così come accade ad esempio con i *Contes* di Perrault, adattati così dall'autore ai valori culturali della Francia di fine XVII secolo).

2) LE "FIABE" DI ANGELA CARTER

Proviene appunto dai cambiamenti ideologici e sociali intervenuti nella seconda metà del XX secolo, soprattutto nell'ambito del pensiero femminista, l'idea di una riscrittura o parodia delle più famose fiabe diffuse in Europa.

A realizzare questa idea è, non unica ma particolarmente significativa, Angela Carter.

Durante gli anni Sessanta e Settanta, infatti, la scrittrice inglese produsse alcuni romanzi e vari racconti brevi riuniti in raccolte, tutti permeati di motivi tratti da racconti popolari e folcloristici, misti a motivi gotici e orrorifici e a un sottofondo esplicitamente erotico.

Moltissimi temi ormai canonizzati dalla tradizione passano sotto la sua penna abile e attraverso la sua fantasia baroccheggiante, per essere riveduti e corretti tanto nelle forme esteriori, di genere, quanto nei contenuti: da *Cappuccetto Rosso* a *La Bella e la Bestia*, da *Barbablù* a *Biancaneve*, dalla creazione di Eva allo shakespeariano *Midsummer Night' Dream*, da *Moll Flanders* a *Cenerentola*, dalla storia della vita di Edgar Allan Poe a quella dell'amante di Baudelaire.

E a queste si intrecceranno i richiami letterari più vari, sottolineati dalla dissacrante ironia della scrittrice.

Riconoscendo che "la fiaba è la prima forma di [...] implicito indottrinamento della società"[78], Angela Carter decide di partire proprio da quella, per decostruirla e ricostruirla su nuove basi. Scrive Mirella Billi[79] che: "Le favole costituiscono per la Carter soprattutto dei testi nei quali la cultura ha depositato e espresso [...] modelli e attraverso

---

[78] Barbara Lanati, Introduzione a *La Camera di Sangue*, Feltrinelli, Milano 1994, p13

[79] M. Billi, in *Belfagor, Rassegna di varia umanità*, Firenze, Ed. Leo Olschki, fascicolo V del 30 sett 1991, pp. 594-562

questi ha perpetuato una serie di valori"; ed appunto attraverso la riscrittura della fiaba la Carter mette in discussione quei valori e quei modelli e, con quelli, la cultura patriarcale dominante che ne è responsabile.

Dopo aver tradotto, nel 1977, le fiabe di Perrault[80] Angela Carter riprende in mano quelle fiabe nel 1979 per sconsacrarle, con *The Bloody Chamber and Other Stories* [81]: la raccolta contiene dieci racconti brevi esplicitamente scritti sulla falsariga delle più famose fiabe di Perrault e di racconti gotico-fantastici, che stravolgono completamente significanti e significati dei modelli di partenza.

Scriveva più tardi la stessa Carter:

"I'm in the demytologising business [...]
putting new wine in old bottles and, in some

---

[80] A. Carter, *The Fairy Tales of Charles Perrault*, London, Gollancz, 1977

[81] A. Carter, *The Bloody Chamber and Other Stories*, London, Gollancz, 1979

cases, old wine in new bottles"[82]

Questa decostruzione e ricostruzione, questa riscrittura delle fiabe, tende dunque a far slittare il senso originario di quelle, contestandone le basi culturali, ponendosi in polemica con la cultura ufficiale.

Naturalmente, come dice Mirella Billi[83] "Le forme [...] trasformate intrattengono con le forme di origine un rapporto dialettico" e "il lettore [...] deve riconoscere la sovrapposizione di testi [...], valutarne la trasformazione, [...] e quindi identificare il testo parodiato e il suo contesto"; occorre perciò, affinché la ricostruzione parodica raggiunga il suo scopo e trasmetta i nuovi valori, che il lettore possa riconoscerne la fonte, ne ricordi le caratteristiche e le confronti con il nuovo testo.

---

[82] A. Carter, "*Notes from the Front Line*", in *Gender and writing*, Ed. Michelene Wandor, London, Pandora Press 1983, pp. 69-77

[83] M. Billi, *Il testo riflesso*, op. cit. pp. 57-60

E' per questo che Angela Carter sceglie di partire proprio dalle fiabe, uno dei generi più fortemente strutturati e codificati ed in particolare da quelle molto più note e diffuse di Perrault, con il loro carico di insegnamenti legati alla cultura maschilista e patriarcale.

Nei racconti della Carter tutto è sovvertito, cambiato: anzitutto i personaggi non sono più tipici ma hanno acquisito un proprio carattere ed una propria individualità, essi pensano, agiscono, ingannano, si ribellano; i luoghi non sono più tanto fiabeschi, ma al contrario sono quotidiani e contemporanei anche se sospesi in una atmosfera un po' lugubre ed apocalittica, goticheggiante. C'è molta magia nelle fiabe di Angela Carter ma al contempo tutto è molto terreno e carnale; è la quotidianità stessa che si svela come ingannevole e pericolosa, costellata di violenze e soprusi, ed è in essa e non in un mitico mondo fiabesco che le "eroine" e i "cattivi" si sfidano in quel campo di battaglia che è il rapporto di coppia.

A minacciare la tranquillità delle giovani eroine è infatti sempre l'incontro con un uomo, il sopraggiungere del matrimonio o del primo rapporto o più semplicemente della naturale "maturazione" del corpo femminile, che mettono in crisi l'identità della donna. Infine il viaggio o l'avventura lontano da casa non sempre finiscono con un ritorno: l'eroina non può più tornare all' innocenza e purezza precedenti, ha ormai riscattato la propria femminilità e non intende tornare indietro. Come notava Greimas circa la fiaba lituana della Ricerca della Paura, anche qui il "non ritorno dell'eroe [...] è del tutto coerente, in quanto l'eroe è negatore dei valori su cui è fondata la società"[84] .

Così in Angela Carter viene a mancare ciò che Tolkien chiamava "consolazione", cioè la fine della fiaba in cui il giusto ordine del mondo è ristabilito.

---

[84] Greimas, *Del Senso*, op. cit. p. 249

Le "nuove" fiabe della Carter non cominciano mai con "C'era una volta...", perché vogliono invece situarsi nel mondo presente, nella storia di tutti i giorni, metaforicamente quotidiana e contemporanea; né finiscono con "... e vissero felici e contenti" o con "...vissero per sempre insieme, felici e contenti", perché non sarebbe leale nei confronti del lettore, non corrisponderebbe a realtà: come affermò la stessa Carter:

"The end of stories, even if the writer forbears to mention it,

death, which is where our time stops short"[85]

Inoltre, le immagini fiabesche e fantastiche tramandate dalla fantasia popolare si intrecciano con le immagini tecnologiche moderne, dai mezzi di trasporto a quelli di comunicazione, come il treno che porta la giovane sposa di Barbablù e il

---

[85] A. Carter. *Expletives Deleted*, in *The Independent on Sunday Review* suppt.22/03/1992, pp. 26-27

suo signore, o il telefono con cui ella chiama la madre, l'automobile che porta via il tiranno dal castello e poi lo riporta indietro, ma anche l'antico revolver della madre di lei, in *The Bloody Chamber*, o la macchina che si ferma lasciando il padre della Bella in balìa della bufera, il telefono della Bestia con cui l'uomo chiama l'officina, le auto e ancora il treno che riporta la Bella alla villa della Bestia, in *The Courtship of Mr Lyon*, per citare solo alcuni esempi.

L'effetto che ne risulta è ciò che Lorna Sage chiama un "carnival of re-writing"[86].

Anche il suo linguaggio esprime la pienezza della sua fantasia, con uno stile travolgente e ammiccante, ironico e sognante; la Carter così solleva i veli ma non li toglie del tutto, molte cose dice esplicitamente e molte altre le suggerisce abilmente, trascinando il lettore su un palcoscenico variopinto e inquietante in cui le sue aspettative

---

[86] Lorna Sage, *Women in the House of Fiction*, MacMillian Press 1992, p. 173

vengono sollecitate e poi improvvisamente deluse, in un gioco pirotecnico di effetti inaspettati che lo sconvolgono (la sua stessa prima collezione di racconti brevi è significativamente intitolata *Fireworks*).

Conosciuta nella cerchia dei suoi amici come "foul mouthed", come racconta ella stessa, Angela Carter sa però creare scenografie estremamente raffinate. E non a caso parliamo di palcoscenici e scenografie, perché in tutta la sua opera è costante il riferimento alla teatralità, al gioco dei ruoli a ella mutevolezza propria di quelli, ai costumi degli attori e alla continua recita della vita esteriore, alle maschere che tutti indossiamo nei rapporti con gli altri, nascondendo e soffocando la nostra vera natura, la parte oscura e animalesca, la Bestia, il lupo che è in noi.

"La commedia è la vita, no?" esclama Dora Chance in *Wise Children*[87] , l'ultimo spumeggiante libro

[87] A. Carter, *Wise Children*, ed. it. Figlie Sagge, Rizzoli, Milano 1992, p. 70

della Carter, che Peter Kemp ben definisce "a Shakespearean extravaganza"[88].

E così pure le immagini delle fanciulle delle fiabe si intrecciano e si sovrappongono, si fondono in un'unica immagine polivalente che si trasforma di continuo come un gioco caleidoscopico: la giovane vampiressa, Cenerentola, la bimba-lupo, Cappuccetto Rosso, Biancaneve, la Bella, Alice ed ognuna è al contempo tutte le altre, specchio di ogni donna reale.

---

[88] A. Carter, *Magical History Tour*, Interview by Peter Kemp, Sunday Times section 6, 9 June 1991, pp. 6-7

3)   LA "PETITE DIFFERENCE"

Benchè *The Bloody Chamber* sia il lavoro di Angela Carter più significativo in questa rivisitazione di fiabe popolari, non è però l'unico che vada in questa direzione: già dai suoi primi scritti, ancora da studentessa nel 1962-1966, ella anticipa il suo gioco letterario con le fiabe e i clichés e già troviamo accennati alcuni ricorrenti motivi delle sue opere successive: l'eccentricità degli artisti, l'amore per una donna-oggetto o al contrario per un oggetto trattato come una donna, come ad esempio il basso di Johnny Jameson in *The Man Who Loved a Double Bass*:

"They called the bass Lola. [...] Her shape was that of a full-breasted, full-hipped woman, recalling certain primitive effigies

of the Mother Goddess...
Jameson always took Lola into cafès but
never into public bars because, after all,
she was a lady [...]. Jameson was jealous if
she got too much attention and would look
daggers at the man who took too many liberties
with her."[89]

Oppure la ricorrente imagine del corpo femminile che si sviluppa : in *A Very, Very Great Lady and Her Son at Home*, una anziana donna ricorda la sua adolescenza, il suo rapporto con la madre e con gli uomini, il risveglio della sua femminilità. Compare già l'immagine della rosa, simbolo della donna e della sua sessualità: rosa bianca nella purezza ancora intatta dell'infanzia, rossa nella maturità e pienezza del corpo, e qui rossa ma sfiorita, con i petali che cadono, simbolo della ormai perduta freschezza della vecchiaia.

Dall'indistinta personalità infantile,

---

[89] A. Carter, *The Man Who Loved a Double Bass*, ed. in *Burning Your Boats*, Chatto and Windus, London, 1995 p. 3

*"I had been a shy child. A lonely child, lost
in the middle of a large family [...] I was
alone, so alone; [...] unable to grasp the
fact of myself as an entity, a personality"*.[90]

Ai primi segni dello sbocciare del corpo:

*"The years passed. The bright peonies of the
menstrual flow blossomed. My breasts grew
like young doves"*[91]

che richiama alla scoperta del suo corpo che
cambia, fatta dalla giovane bambina-lupo in *Wolf-
Alice*, in *The Bloody Chamber and Other Stories*,
del 1979:

---

[90] A. Carter, *A Very, Very Great Lady and Her Son at Home*, ed. in
Burning Your Boats, Chatto and Windus, London, 1995, pp. 11-15
[91] Ibidem

*"Her first blood bewildered her [...]. She
would spend hours examining the new skin that had
[...].
She examined her new breasts with curiosity"*[92]

Fino a scoprirsi ormai donna, bellissima e perfetta, più della Venere sorgente dalle acque dipinta dal Botticelli, tanto bella da sembrare non umana, quasi deforme :

*"The woman's beauty was so intense that it
seemed to have the quality of a deformity, so
far was it from the human norm"*[93]

come la vampiressa di *The Lady of the House of Love* (in *The Bloody Chamber*) : "*She is so beautiful she is innatural; her beauty is an abnormality, a deformity, for none of her features*

---

[92] A. Carter, *Wolf-Alice*, ed. in The Bloody Chamber, op. cit. pp. 221-228

[93] A. Carter, *A Very, Very Great Lady and Her Son at Home*, ed. in *Burning Your Boats*, op. cit. pp. 11-15

exhibit any of those [...] imperfections that reconcile us to the imperfections of the human condition".

La deformità, la diversità, l'alterità della donna è un altro dei temi ricorrenti in Angela Carter, ed è espressa nei modi più vari: dalla bionda "gigantessa" occidentale così diversa dal suo minuto amante giapponese, in *Fireworks, A Souvenir of Japan* (situazione realmente vissuta dalla scrittrice), attraverso le donne-vampiro e le donne-lupo delle fiabe riscritte, alla congrega di donne mostruose e deformi compagne della aerealist Fevvers nel "tableau vivant" di Mme Schreck, in *Nights at the Circus*. E come queste, tutte le altre figure femminili della Carter, donne di ogni età, oscillano fra l'estrema bellezza e la deformità, intrappolate in un corpo in cui non si riconoscono, vittime dell'immagine di donna ideale creata dagli uomini, incapaci di comunicare i loro veri sentimenti e di esprimere veramente se stesse, come "uccelli in gabbie dorate" (così si presenta

Fevvers in *Nights at the Circus,* nel suo numero di spettacolo, e così pure le giovani amanti del Re degli Gnomi in *Erl-King*, in *The Bloody Chamber*, trasformate in uccelli e tenute in gabbia).

Ma, in generale, tutte le donne che riconoscono le potenzialità del loro corpo, che riscoprono la loro individualità e tentano di aprire le gabbie, che non sottostanno alle regole loro imposte, che liberano la loro istintiva carica vitale e passionale, tutte quelle donne vengono bollate come dei mostri e cacciate come streghe, rinchiuse come lupi, ridotte al silenzio o allontanate completamente dalla società "civile" e, come per la piccola Wolf-Alice: *"We secluded her in animal privacy out of fear of her imperfection because it showed us what we might have been"*, perché *"A woman is indeed beautiful only in so far as she incarnates most completely the secret aspirations of man"*[94] e le "Segrete aspirazioni dell'uomo" paiono includere anche il

---

[94] A. Carter, *The Passion of New Eve*, Gollancz, London 1977

carattere mite e remissivo, la castità e l'ingenuità della donna. E' questa l'idea del "gender", del "genere" –femminile in questo caso- che è in realtà un costrutto sociale, una idea degli uomini. Infatti, come afferma Robert Clark, *"Only in patriarchal eyes is femininity [...] the negation of masculinity"*[95]

.

E' il "gender" quella "Petite Differénce" di cui parlava la Carter in *Expletives Deleted*:[96]

"I spent a good many years being told what I ought to think, and how I ought to behave, and how I ought to write even, because I was a woman and men thought they had the right to tell me how to feel, but then I stopped listening to them [...] but they didn't stop talking, oh, dear no. So I started answering back"

---

[95] R. Clark, *Angela Carter's Desire Machines*, in *Women Studies* pp 26-27

[96] A. Carter, *Expletives Deleted*, 22 Mar. 1992, pp. 26-27

Si tratta di quel tipo di educazione imposta alle donne, di cui già Mary Wollestonecraft si lamentava nella *"Vindication of the Rights of Women"* e che le pone in un eterno ruolo subalterno relegate a casti angeli del focolare, perfette madri, mogli e figlie, o a puri oggetti del desiderio maschile, deboli e indifese, obbedienti, servili, timide e riservate, delicate e completamente dedite alla famiglia, private di sogni e aspirazioni, private della capacità stessa di pensare. Quel tipo di educazione interamente legato alla società patriarcale, dove è l'uomo ad avere il potere su tutto e dove la donna perde la sua individualità e autonomia, è la base su cui gli uomini hanno fondato l'ordine e l'equilibrio sociali, escludendo la donna da ogni decisione, riducendola all'impotenza.

Alla donna viene così accostata l'idea di corpo, natura, fertilità; mentre l'uomo possiederebbe la mente, la civiltà, la potenza e la cultura. L'uomo è legge e scienza, l'uomo è LOGOS; la donna invece non parla, è muta (per natura o per scelta) e tutt'al più può suonare o cantare.

Sono infatti moltissime nei vari racconti e nei romanzi della Carter le immagini di donne mute, o di donne che suonano un qualche strumento musicale (soprattutto pianoforti) come unico mezzo per esprimersi liberamente, -e la memoria corre alla sirenetta di H.C. Andersen , la quale rinuncia alla sua lingua e dunque alla parola per amore del suo principe, per ottenere il diritto e il permesso di camminare nella società- o ancora di donne che cantano soavemente e con il loro canto ammansiscono persino le fiere (come la domatrice di tigri in *Nights at the Circus* e la sua compagna Mignon, la cui musica e il cui canto commuovono uomini e bestie ... e perfino uomini-bestia), perché "Cantare non è parlare [...] il canto depaupera il linguaggio della sua funzione e lo rende divino"[97].

Questo "costrutto sociale", l'idea patriarcale, maschilista della donna ideale, ha per secoli soffocato l'identità femminile, congelandola in una sorta di statua di ghiaccio posta su un piedistallo, o in un automa, un manichino meccanico privo di volontà e di cervello (anche queste immagini sono ricorrenti in tutta l'opera della Carter), regolando di conseguenza tutta la vita, familiare e sociale; ora le nuove eroine si risvegliano alla vita, come Belle Addormentate dopo un sonno secolare, e intendono riprendersi il loro posto nel mondo.

---

[97] A. Carter, *Notti al Circo*, Feltrinelli, Milano 1984, p 179

4) BAMBINI "SELVAGGI"

Scegliendo di partire da un mondo fiabesco, le prime donne che si incontrano e con cui siamo chiamati ad identificarci sono naturalmente delle bambine, ancora immature ma pronte a sbocciare, colte nel momento del difficile passaggio dall'infanzia –in cui bambini e bambine vivono insieme senza accorgersi più di tanto delle differenze fra loro-, all'adolescenza -in cui invece i loro corpi cominciano a prendere forma e le loro menti a prenderne coscienza-, fino all'esplosione che caratterizza il primo pieno fiorire della loro femminilità. Come giustamente afferma Bruno Bettelheim, "Dato che le nostre madri –o le nostre bambinaie- furono le nostre prime educatrici, è probabile che abbiano per prime circondato di tabù il sesso [...][e] costretto la bambina a vedere il sesso come qualcosa di bestiale"[98].

Infatti è proprio quello che dice anche la fanciulla in *The Tiger's Bride* (in *The Bloody Chamber*):

"My English nurse once told me about a tiger-man [...], to scare me into good behaviour...Old Wives' tales, nursery fears!"

Ma prima ancora che i tabù e l'educazione comincino a reprimere i suoi comportamenti troppo spontanei, la fanciulla è ancora una bambina, non cosciente del suo corpo femminile né della carica di sensualità che la sua stessa innocenza le dà; è come un animale selvaggio, come Eva prima di aver mangiato la mela del peccato, come la bimba allevata dai lupi in *Peter and the Wolf* (in *Black Venus*) che, sebbene divenuta donna, ha conservato l'incoscienza e la spontaneità pura degli animali:

---

[98] B. Bettelheim, *Il Mondo Incantato*, op. cit. p. 272

"her face [...] was the mirror of a different
kind of consciousness than ours is, just as
her nakedness, without innocence or display,
was that of our first parents, before the Fall"[99]

Quando con il passare del tempo la bambina
diventa adolescente e scopre che il suo corpo sta
cambiando si insinua in lei una nuova coscienza, un
nuovo modo di sentire il mondo attorno a sé, come
succede a *Wolf-Alice*: allevata dai lupi, la piccola
non sa parlare, ha tutte le caratteristiche
comportamentali di un cucciolo e non capisce il
linguaggio umano; non ha coscienza del tempo,
"vive senza futuro. Ella abita solo nel presente, in
una continua fuga di momenti presenti, un mondo
di sensuale immediatezza". Mandata a vivere nella
dimora del vecchio Duca-vampiro, nelle lunghe ore
che passa da sola ella trova l'unica amica nello

[99] A. Carter, *Peter and the Wolf*, in *Black Venus*, Chatto and
Windus, London 1985, pp 284-290

specchio: scambia per un'altra "cucciola" la propria immagine riflessa e vi gioca. E' solo quando comincia a diventare donna, con la comparsa del suo ciclo mensile, che ella scopre anche la ciclicità del tempo ed impara ad adeguarvisi. Comincia ora ad uscire da se stessa, a vedere meglio il mondo attorno a lei: "*now the world around her was assuming form*". Comincia a guardare il suo corpo (cfr. par. II,3) e ad indossare un vecchissimo abito da ballo per uscire. Scopre finalmente che lo specchio riflette solo la sua immagine e che dietro di esso non c'è nessuno. Si concede perfino un po' di vanità femminile:

"*singing to the wolves with a kind of wistful triumph, because now she knew how to wear clothes and had put on the visible sign of her difference from them*"[100]

---

[100] Ibidem

Ora non è più una lupacchiotta, ora è una giovane donna che scopre le sue potenzialità e dà significato all'ambiente che la circonda grazie alla sua presenza. Quando infine si avvicina al Duca nel suo letto, la giovane sa guarirlo dalla sua ferita ma anche dalla sua "sete di sangue", simbolica della sua eccessiva sete sessuale, e grazie a lei l'uomo torna alla normalità, riacquista la sua umanità.

Novelli Adamo ed Eva sono invece i due bambini, fratello e sorella, di un racconto precedente, *Penetrating to the Heart of the Forest*, contenuto nella raccolta *Fireworks*: orfani di madre, morta di parte, vengono portati dal padre in una valle isolata abitata da Creoli e circondata da foresta e montagne, affinché crescano "*in a place where ambition, self-seeking and guilt were strangers, so that they would grow up with the strenght and innocence of young trees*". Crescendo in questa valle-paradiso dove non esiste l'odio e c'è solo gentilezza, non avendo paura di niente, si insinua in loro l'insoddisfazione e il desiderio di conoscere il mondo oltre la foresta, così i due fanciulli decidono di andare in esplorazione (ricordiamo l'identica curiosità che in *Heroes and Villains* spinge la giovanissima Marianne ad esplorare le rovine che circondano il villaggio dei "Professori" in cui ella vive al riparo dalla barbarie del mondo esterno).

Abituati a vivere in stretto contatto l'uno con l'altra, identici nell'aspetto e nei comportamenti perché gemelli e legati da un profondo affetto, essi partono ignorando la leggenda di un grande albero maligno che si diceva crescesse al centro della foresta. Ma il loro viaggio di esplorazione è in realtà un viaggio alla scoperta del loro corpo e della loro sessualità, è una grande metafora che li porta dall'infantile innocenza ed incoscienza alla consapevolezza dell'istinto sessuale. Una pianta carnivora, un fiore coi denti, morde la bambina e la fa sanguinare: è in realtà il suo corpo ormai maturo che manda il segnale; e non è un caso che sia proprio un fiore carnivoro, dotato di denti, a ricordare l'altra immagine ricorrente, quella degli incubi maschili, di un sesso femminile che ferisce ed inghiotte l'uomo (come nelle paure superstiziose del "barbaro" Jewel nei confronti di Marianne, ancora in *Heroes and Villains*) : la bambina è ormai una donna, pronta a conoscere l'amore, pronta a "divorare" l'uomo.

Anche i rami degli alberi e gli alberi stessi assumono forme insolite, femminili.

Pur essendo abituati fin da piccoli a non nascondere nulla al padre e a non mentire mai, è adesso la fanciulla stessa che, cominciando a prendere coscienza di queste "stranezze", decide di non farne parola quando fossero tornati: "*We must not talk of the things we find in the heart of the forest. They are all secrets. If they were not secrets, we would have heard of them before*", spiega la giovane, avvalorando ed avallando così il senso di tabù che avvolge tutto ciò che circonda la sessualità: le loro nuove intime scoperte, ritenute qualcosa di proibito, non devono essere rivelate, devono rimanere delle conoscenze private, perché la sessualità è una cosa privata, non pubblica.

I sogni che i fanciulli fanno quella notte sono simbolicamente popolati da serpenti, coltelli, rose marcescenti, note immagini dai connotati sessuali avvolte però da un senso di malignità e di pericolo.

La scoperta successiva è quella dei cambiamenti che il tempo ha portato sui loro corpi: *"Emile saw that time was subtly altering the contours of both their bodies and he found he could no longer ignore his sister's nakedness, as he had done since babyhood"* e *"she, too, experienced the same extraordinary confusion"*.

La nuova coscienza delle loro forme li rende meno uniti, meno identici e indistinguibili l'uno dall'altra.

Quando, continuando l'esplorazione, arrivano infine al grande albero, non ci meraviglia riconoscervi chiaramente l'immagine di quell'altro albero, quello del giardino dell'Eden, quello dei nostri primi progenitori e della mela del peccato:

"*As they stood hand in hand gazing at the beautiful tree, a small wind parted the leaves so they would see the fruit more clearly [...]. She sprang towards the exquisite, odoriferous tree which [...] seemed to her brother a perfect equivalent of his sister's amazing beauty [...] that filled him, now, with extasy. [...] She raised her hand [...] in search of a ripe fruit [...]. It seemed to be some kind of apple or pear. [...] -It tastes so good!- she said- Here! Eat!- [...] She Was like a beautiful statue which has just come to life [...] He took the apple; ate; and [...] they kissed.*"

Come si vede, in questa specie di fiaba sono contenuti molti dei motivi classici collegati all'ingresso dei giovani nella vita adulta, ai riti di iniziazione. Si noterà, fra l'altro, che qui i due protagonisti cadono nell'incesto che, come nota

Peter Brooks, *"as the perfect androgynous coupling, is precisely the shortcuit of desire"*[101].

Una variazione sul tema, questa volta però ambientata nelle praterie del "selvaggio West", è contenuta nella raccolta *American Ghosts and Old World Wonders* ed è il rifacimento di una tragedia del drammaturgo inglese John Ford, *'Tis Pity She's a Whore* (1633), riscritta dalla Carter a metà fra la prosa e il copione cinematografico, a causa dell'omonimia con il regista John Ford (1895-1973).

In questo racconto due bambini, fratello e sorella, restano soli con il padre nel grande ranch isolato nella prateria e crescono insieme in tanto stretta comunione da arrivare anch'essi all'incesto, stavolta sapendo però di sbagliare. La bambina cresce, diventa una giovane donna *"rendered shy by her own lonely flowering. Fifteen. How pretty she was growing!"*. Solo la terra, solitaria e

---

[101] Peter Brooks, *Readings for the Plot*, Oxford 1984, p.128

silenziosa, li circonda. Dapprima il loro amore è fraterno:

"When they were children, all they knew was they loved each other just as, surely, a brother and a sister should."

"They remembered tumbling together in infancy, how their mother laughed to see their kisses, their embraces, when they were too young to know they should not do it"

Finchè un giorno essi cedono all'impulso, sebbene *"Even in their loneliness on the enormous plain they knew they must not do it"*.

Essendo "country children", essi sanno "cosa fare" perchè hanno visto gli animali della fattoria: *"the cow with the bull, the bitch with the dog, the hen with the cock"*. Così *"Death showed her how to touch him and him her"*.

I due giovani sono definiti come *"a kind of Adam and she his unavoidable and irreplaceable Eve, the unique companion of the wilderness"*.

Ma l'educazione puritana ha già gettato il seme della paura del peccato:

"She pondered the irreversibility of defloration. According to what the Minister's wife said, she had lost everything and was a lost girl"

Quando lei, rimasta incinta, decide di nascondere il fatto e accetta di sposare il figlio del Pastore, sa che non può confessare al futuro sposo la sua colpa: *"she knew [...] that the most natural love of all was just precisely the one she must not acknowledge"*. Infine, a dispetto delle chiacchiere della gente, dei pettegolezzi e della generale disapprovazione, la giovane è pentita profondamente, e lo dimostra nei modi e nei fatti: *"the repentant harlot has the surprised look of a pregnant virgin"*.

La storia però finisce in tragedia, con il fratello che uccide la sorella ed il cognato e poi si suicida, suggellando così il patto di amore e morte che i due fanciulli si erano scambiati nel bruciare della loro passione: "*Love me, or kill me*".

La libertà e la spontaneità collegate alla "animalità" dei personaggi e la vita nella foresta (o nella isolata prateria) corrispondono, secondo Marie-Louise von Franz, "a immergersi nella più profonda interiorità del proprio essere per farne la scoperta, liberi da ogni convenzione"[102] .

Ma non sono solo le bambine-lupo o le bambine "selvagge" a presentare queste caratteristiche, bensì anche quelle cresciute in società, educate secondo i "sani principi morali" della società patriarcale, come La Bella o Cappuccetto Rosso; infatti le fanciulle delle fiabe devono essere virtuose e caste, vergini e innocenti, e per tanto anche molto giovani e vissute sempre sotto l'ala protettrice dei genitori,

---

[102] M. L. von Franz, *Il Femminile nella Fiaba*, Bollati Boringhieri, Torino 1983, IV ed. 1990, p. 93

nel ristretto ambito familiare. Queste adolescenti, quindi, vissute sempre lontano da pericoli e da tentazioni, si trovano d'un tratto cresciute e devono uscire, quasi del tutto impreparate, incontro al loro destino di donne, mogli e madri; devono abbandonare la casa paterna e la protezione della madre e affrontare il loro ruolo umano e sociale. E' questo che simboleggiano le fiabe popolari più famose, e sono queste fiabe che la Carter riscrive per mostrare nuovi, inaspettati punti di vista.

5) LE BELLE E LE BESTIE

La prima e forse più famosa delle fiabe che contengono un avvertimento per le giovani "ragazze da marito", affinché non si allontanino dalla "retta via" e non cedano alle lusinghe di uomini (lupi) perfidi e profittatori, è Cappuccetto Rosso.

Qui vediamo come, nel rifacimento della Carter, *The Company of Wolves* (in *The Bloody Chamber*), sono portate alla luce molto chiaramente e perfino sovvertite le implicazioni sessuali della fiaba originale. Anzitutto, la prima immagine che ci si presenta non è quella della bambina ma quella del lupo, "carnivora incarnata" che di notte abita il bosco; i suoi occhi bruciano come candele e sono rossi. Tutto il racconto è sottolineato dal colore rosso, colore che "simboleggia le emozioni violente, [...] comprese quelle sessuali"[103]; "*red for danger*" sottolinea la Carter.

Poi si alza il suo ululato, suono pieno di sofferenza, "*in itself a murdering*".

Il lupo è da temere più di ogni altro pericolo dei boschi, più di fantasmi, goblin e orchi, perché "*the wolf may be more than he seems*" ; infatti –come la fiaba spiega subito dopo- , il lupo è in realtà un uomo, un licantropo, un essere metà bestia e metà uomo, esso è la parte irrazionale, la parte peggiore dell'uomo stesso e come tale è un pericolo più reale di fantasmi e gnomi, dunque fa più paura.

Quando finalmente compare la protagonista del racconto, la nostra "eroina", ella è subito presentata come una "*strong-minded child*", una giovane ragazza caparbia, dal carattere forte, che a tutti i costi vuole attraversare il bosco convinta com'è che niente e nessuno le farà del male. Fuor di metafora,

---

[103] B. Bettelheim, *Il Mondo Incantato*, op. cit. p. 168

ella non ha paura di entrare nel mondo adulto, si sente pronta ad affrontarlo.

Questa Cappuccetto Rosso di Angela Carter è una bambina viziata, che è stata troppo amata; è bella, bianca di carnagione (la carnagione bianca nelle fiabe indica sempre purezza d'animo, innocenza), con le guance rosse, rosse come il suo scialle che ha l'aspetto di "sangue sulla neve" ; ella ha appena cominciato a veder trasformare il suo corpo, è divenuta donna. E naturalmente è vergine: *"She stands and moves within the invisible pentacle of her own virginity. She is an unbroken egg; she is a sealed vessel (...)"*.

Inoltratasi nel bosco (il bosco della vita adulta, dell'ancora ignota esperienza sessuale) ella non incontra il lupo ma un bel cacciatore, dai premonitori denti bianchi. Ridendo e scherzando camminano insieme ed ella si fida di lui tanto da consegnargli il cestino che contiene anche la sua unica arma di difesa, un coltello da caccia.

Deciso a sedurla, il bel cacciatore-lupo fa con lei una scommessa: se arriverà prima di lei dalla nonna, attraversando il bosco fuori dal sentiero, avrà da lei un bacio.

La ragazza accetta con entusiasmo, addirittura sperando che il giovane vinca il suo premio. Così egli giunge dalla nonna, la uccide (in una ambigua scena di erotismo e morte) e là aspetta la fanciulla.

Quando ella giunge alla casa della nonna e si trova intrappolata dentro con il giovane, però, notiamo con sorpresa che non fa il minimo tentativo di scappare. Mentre tutt'intorno, nel bosco, i lupi ululano per loro un canto nuziale, lei chiude la finestra e *"took off her scarlett shawl, the colour of poppies, the colour of sacrifices, the colour of her menses, and, since her fear did her no good, she ceased to be afraid."*.

Gettati i propri abiti nel fuoco, rimasta vestita solo della sua pelle, si avvicina all'uomo ed è lei stessa a spogliarlo. Liberamente gli dà il bacio scommesso, e ride di fronte alla minaccia di essere mangiata: *"She knew she was nobody's meat"*. Allo scoccare della mezzanotte, Natale, la bambina è ormai una donna e dolcemente è addormentata nel letto della nonna.. "fra le braccia del tenero lupo"!

Come nota Robert Clark[104], la versione della Carter rappresenta la donna non spaventata dal lupo, ma cosciente della propria sessualità e capace di usarla con soddisfazione, riuscendo così a rendere docile il "lupo" (che non è altro che il lato animalesco, istintivo dell'uomo-cacciatore).

La giovane Cappuccetto Rosso, insomma, non è una bambina poco prudente che si lascia mangiare da un lupo furbo e subdolo, ma una giovane ragazza nel pieno fiorire della sua femminilità che deliberatamente sceglie di addentrarsi nella foresta e di sperimentare l'abbraccio del lupo-cacciatore.

---

[104] R. Clark, *Angela Carter's Desire Machine, Women's Studies*, 1987, pp. 147-161

Una storia molto simile diventa anche la rielaborazione carteriana de *La Bella e la Bestia*, in *The Tiger's Bride* (un'altra versione dello stesso racconto è *The Courtship of Mr. Lyon*, diversa però dalla precedente e più vicina alla fiaba originale). Qui si mostra quell'aspetto di cui parla Peter Brooks, quella "*imagery of psychological descent, into the [...] erotic where in darkness and secret the beast is liberated*"[105].

Sempre secondo l'interpretazione di Bruno Bettelheim, "Le storie del ciclo dello sposo-animale indicano che è soprattutto la donna che deve mutare [...] atteggiamento nei confronti del sesso, che deve passare dalla ripulsa all'accettazione, perché fintanto che il sesso le appare sgradevole e animalesco rimane bestiale nel maschio". Questo è quanto si vede chiaramente in *The Tiger's Bride*: l'accettazione e la liberazione dei propri istinti naturali, la scoperta della propria

---

[105] P. Brooks, *Reading for The Plot*, op. cit. p. 159

carica passionale, in questo racconto, non ritrasforma la tigre in uomo ma al contrario trasforma la fanciulla in tigre (al contrario di quanto avviene in *The Courtship of Mr. Lyon*, dove Bella torna dalla Bestia in punto di morte e proprio come nella fiaba originaria gli ridona la vita e l'umanità; o di quanto avviene in *Wolf-Alice*, -cfr. par. II,4- dove la ragazza ormai donna riporta il Duca-vampiro al suo aspetto umano).

Qui si mette in discussione l'opposizione, propria dell'educazione patriarcale, fra il maschio feroce e dominante e la femmina docile e sottomessa. La fiaba riscritta comincia con una specie di partita a carte con il Diavolo, solo che qui è il padre della Bella che gioca con la Bestia e perde tutto. Cade la prima figura di dominio: il padre simbolo patriarcale per eccellenza, è ridotto alla miseria a causa della sua debolezza di carattere.

Lo scenario è quello di un paesino italiano, la "terra dove crescono i limoni" (più volte presente nell'opera di Angela Carter), messo in contrasto con il freddo paesaggio della Russia (anche questa spesso protagonista, come nella seconda parte di *Nights at the Circus*) da dove vengono la Bella e suo padre. Come quasi tutte le fanciulle delle fiabe, Bella rispecchia lo stereotipo di bellezza femminile (vista secondo l'ideale maschile): splendidi capelli a boccoli, guance rosee; è subito definita una "rosa di Natale". Il primo dono della Bestia è, appunto, una rosa, una bianca rosa innaturale e fuori stagione, come la purezza di lei ormai vicina ad essere "macchiata"; una rosa che ella sfoglia, staccando petalo dopo petalo così come più avanti nel racconto si sfilerà gli abiti di dosso ad uno ad uno per offrire alla Bestia la vista del suo corpo puro.

La Bestia emana un forte profumo che stordisce i sensi, forse per coprire l'odore della sua animalità, ed indossa una maschera dipinta:

"The Beast not much different from any other man, although he wears a mask with a man's face painted most beautifully on it. Oh yes, a beautiful face; but one with too much formal symmetry of feature to be entirely human: one profile of his mask is the mirror image of the other, too perfect, uncanny".

Lasciando la locanda e il padre per il palazzo della Bestia, la carrozza attraversa un paesaggio gelato e nebbioso, uno *"spurious Eden in which all the fruit was blighted by cold"*: l'inverno e il gelo simboleggiano in molti racconti la freddezza del cuore, la mancanza di amore e di passione, come nell'altra versione di questa fiaba, *The Courtship of Mr Lyon*, o come in *The Company of Wolves*, o in *The Lady of The House of Love*, e altri ancora fino ai romanzi maggiori della Carter.

Quando la fanciulla viene finalmente condotta davanti al signore del palazzo, una unica richiesta le viene fatta: di mostrarsi nuda una volta sola, dopo di che avrebbe riavuto indietro tutti i beni perduti al gioco da suo padre, la propria libertà e molti altri doni. Non accettando la richiesta, la Bella viene rinchiusa in una cella *"windowless, airless, lightless, in the viscera of the place"*, dove sua unica compagna è una cameriera-manichino che la rappresenta perfettamente, una gemella meccanica senza cuore e senza cervello, muta e obbediente: la sua copia perfetta! Nello specchio che la bambola le porge, Bella vede il padre, distrutto, ubriaco e piangente, un fallito. Ancora una volta, in un secondo incontro, la Bestia le chiede *"The sight of a young lady's skin that no man has seen before"*. Ancora un rifiuto. Ma in seguito, durante una cavalcata, lei improvvisamente capisce la sua situazione, medita su come sia stata venduta e comprata, passata di mano in mano, trattata come un oggetto, né più né meno della bambola meccanica: *"had I not been allotted only the same kind of imitative life amongst men that the doll-maker had given her?"*.

Così quando è la Bestia a spogliarsi di fronte a lei e a mostrarle il suo vero aspetto animale, ella a sua volta si spoglia. La fanciulla, l'agnello, si mostra così per la prima volta davanti alla Tigre, trepidante per il timore di non soddisfarne le aspettative. Arrossisce, ma non di vergogna: è una ragazza orgogliosa, restìa a donarsi.

"I showed [...] my white skin, my red nipples, and the horses turned their heads to watch me, also [...] courteously curious as to the fleshly nature of women"

Al ritorno al palazzo la Bestia è pronta a rimandare a casa Bella, come promesso, con ogni ricchezza, ed ella ancora una volta nello specchio magico rivede il padre, ora sorridente in attesa del suo ritorno. Ma, contro ogni aspettativa, la ragazza sceglie diversamente: sarà la gemella meccanica a prendere il suo posto accanto a suo padre, mentre lei rimarrà con la Bestia: suo padre l'ha trattata come un pupazzo, ed un pupazzo avrà indietro!

Bella ora si spoglia, per vestire dei suoi abiti (simbolo dell'educazione patriarcale che prima la opprimeva) il manichino; ella non è abituata alla propria nudità: "*It is not natural for human kind to go naked, not since first we hid our loins with fig leaves. He had demanded the abominable. I felt as much atrocious pain as if I was stripping off my own underpelt*". Spogliarsi delle proprie abitudini, del carattere con cui ci si è formati, è difficile, doloroso perfino. Bella indossa solo la pelliccia (tanto simbolica di quella animalità ritrovata ma ancora non del tutto naturale in lei, non istintiva) e ritorna dalla Tigre.

Anche lui ora si è spogliato della sua maschera di perbenismo, della sua falsa identità umana, "*The empty house of his appearance*".

La Bestia la mangerà, come il lupo, "carnivore incarnate", "*nursery fears made flesh and sinews;*

earliest and most archaic of fears, fear of devourment". E quando infine si stendono insieme e si abbandonano l'uno all'altra, la Tigre fa le fusa come un enorme micio domestico, la lecca con la ruvida lingua,

"And each stroke of his tongue ripped off skin after successive skin, [...] and left behind a nascent patina of shiny hairs. My earrings turned back to water and trickled down my shoulders; I shrugged the drops of my beautiful fur"

Finisce così il racconto, la favola di un agnello che giace con la tigre, divenendo *"the key to a peaceable kingdom in which his appetite need not to be my extinction"*.

Ci sembra inoltre particolarmente significativo notare che, in tutta l'opera della Carter ma specialmente in questo racconto, traspare un costante richiamo al Blake delle *Songs of Innocence* e delle *Songs of Experience*, in particolare delle poesie *"The Lamb"* e *"The Tiger"*, simboli ormai noti del contrasto fra l'infanzia, l'innocenza e l'età adulta, l'esperienza. La Tigre soprattutto, la Bestia, è costantemente descritta come *"fearful"* ; la *"savage geometry"* della sua pelliccia riporta alla blakeiana *"fearful simmetry"*, ne ritroviamo i *"sinews"*, le forme imponenti, i muscoli sottili e frementi, la profonda minaccia contenuta nella sua bestialità, gli occhi ardenti come soli... Ma qui c'è anche, in più, una promessa di rinnovamento, di riappacificazione, di unione degli opposti: benché *"the tiger will never lie down with the lamb"*, c'è la possibilità di un compromesso, a patto che *"the lamb [...] learn to run with the tigers"*. Così anche la donna, docile agnello, deve imparare a tirar fuori la tigre che è in lei, per non soccombere e per avere la sua parte nella vita.

6) AMORE E MORTE

Molto spesso, in svariati racconti, un ulteriore tema emerge con prepotenza: è la connessione di Amore e Morte.

La presenza di questo tema è costante sin dalle prime opere: a cominciare da *The Man Who Loved a Double Bass*, in cui un musicista innamorato del suo strumento musicale si suicida quando questo viene sfasciato durante una rissa in una locanda; poi in almeno due racconti contenuti in *Fireworks*, *The Loves of Lady Purple* e *Master*: nel primo di questi la protagonista è una marionetta, Lady Purple appunto, di cui il burattinaio è innamorato e che, risvegliata da un bacio del suo padrone come una Bella Addormentata dal suo principe, lo uccide per fuggire. In questo racconto, fra l'altro, si intrecciano numerosi altri motivi fondamentali: il burattinaio è l'uomo-padrone, che muove le proprie marionette sentendosi quasi un dio, ma vive egli stesso attraverso esse; egli vive come in un limbo *"between the real and that which [...] seems to be real"*. Compaiono qui per la prima volta le ricorrenti "bambole" carteriane, inerti pupazzi, marionette o bambole meccaniche in altri racconti, come la gemella della Bella in The Tiger's Bride (cfr. par. II,5): *"the dolls, the undead, who cannot live at all and yet who mimic the living in every detail"*. Il burattinaio dà loro la propria vita, *"the dynamics of his self"* ed egli riesce a comunicare solo attraverso quelle marionette, rivelando *"his passions through a medium other than himself and this was his heroine, the puppet, Lady Purple"*.

Regina della notte, dall'aspetto feroce, dai bianchi denti di madreperla sempre in mostra in un perenne sorriso artificiale, il volto bianco come calce, mani affusolate simili ad armi a causa delle unghie rosse affilate, la nera pettinatura elaborata e pesante, gli abiti simbolicamente purpurei, *"a purple the colour of blood in a love suicide"*.

Animata dal Professore (come viene chiamato il burattinaio), Lady Purple appare come una dea mostruosa che sembra interamente reale e indipendente dai fili che la muovono.

Definita "the Shameless Oriental Venus", la bambola incarna "la quintessenza dell'erotismo", esotica e seducente come nessuna donna reale: "*Lady Purple stood for passion*".

Secondo il racconto che il burattinaio mette in scena, Lady Purple era in precedenza una donna vera, resa inerte marionetta a causa dei suoi insaziabili appetiti sessuali: "*the petrification of a universal whore* [...] *had once been a woman in whom too much life had negated life itself*", "*a flower which, although perfumed, was carnivorous*" (ritroviamo qui l'immagine del fiore carnivoro, già analizzata a proposito di *Penetrating to the Heart of the Forest*, cfr. par. II,4).

Dopo aver sedotto il padre adottivo, a dodici anni, aveva ucciso lui e la moglie e incendiato la casa. Il fuoco dell'incendio era la fiamma della corruzione che l'avrebbe distrutta. Finita nelle più raffinate case di piacere, si era annichilita in quel mondo abominevole *"which functioned only to gratify the whims of the senses"*. Le "donne in vendita" per le strade sono descritte come i "manichini del desiderio", dai lineamenti nascosti sotto il trucco come simboliche astrazioni, i loro gesti stilizzati come se fossero meccanismi di orologi, ridotte a *"the nameless essence of the idea of woman, a metaphysical abstraction of the female"*. Lady Purple, man mano, era diventata sempre più crudele, perversa, dedita ai "misteri della camera di tortura": *"a kiss from her cruel mouth was the sacrament of suffering"*. Riduceva gli uomini più ricchi alla miseria e poi li abbandonava, ella era "una fredda, frigida sostanza su cui i desideri potevano essere realizzati", era *"the object on which men prostituted themselves"*.

Poi, per puro gioco, cominciò ad uccidere i suoi amanti, a ridurli in miseri esseri spettrali, dementi e mutilati.

Ma il fuoco che si portava dentro la bruciò. A sua volta scacciata e ridotta in miseria, continuava a praticare le sue perverse arti d'amore e di morte sui cadaveri che il mare portava a riva. Così, negando la vita e l'umanità, ella stessa alla fine era stata trasformata in un pezzo di legno, *"the dead yet moving image of the Shameless Oriental Venus"*. E' così che ora la donna-marionetta si trova nel teatrino del Professore. Ma quando egli, dopo averle rammendato l'abito più bello e averla vestita di nuovo ammirando la sua bellezza, si china a darle un bacio, un semplice bacio della buonanotte quale un bambino darebbe alla sua bambola preferita, le labbra che incontra non sono di legno ma calde, umide e palpitanti. La "Bella Addormentata" si è svegliata, ricomincia a muoversi, a scoprire sensazioni ed emozioni; ma ancora una volta la morte si intreccia all'amore ed ella affonda i denti nella gola del burattinaio e lo uccide. Poi, ricordando solo le esperienze della vita precedente, la donna rinata (ma non effettivamente rinnovata) incendia ancora una volta casa e cadavere e si allontana rapidamente verso una casa di piacere. In questo racconto, dunque, sono contenuti molti dei motivi già visti in altri racconti ed altri ancora; la donna, persa nei meandri del piacere perverso, è divenuta un vuoto oggetto di desiderio, priva di anima propria, senza ideali né umanità. Nella sua vita amore e morte, piacere e dolore, si fondono. Ma anche dopo il "risveglio" ella non mostra di aver imparato alcunché: come risvegliandosi dal normale sonno di una notte, non mostra alcuna coscienza delle proprie azioni e non può far altro che tornare a ripetere meccanicamente le azioni che tante volte ha messo in scena tirata dai fili. Lady Purple, così', si fa simbolo della donna assetata di sesso, protagonista degli incubi maschili, spietata; ma allo stesso tempo è la donna-oggetto, mezzo del piacere maschile ma incapace del piacere proprio; identificatasi totalmente con i propri bassi istinti, ella ha perso la sua identità di essere umano, ha rinunciato ai pensieri e all'intelligenza, ha perso ogni possibilità di guadagnarsi la stima e il rispetto degli uomini. Avendo cercato di trattare gli uomini come oggetti è diventata ella stessa un vuoto burattino senz'anima, crudele e mortale Pinocchio, senza neanche più alcuna capacità di migliorare.

Amore e morte sono anche i temi di fondo che sottolineano il racconto *The Bloody Chamber*, che dà il titolo all'intera raccolta, rifacimento della fiaba di Perrault, *Barbe Bleue* (Barbablù). Come aveva acutamente osservato già Bruno Bettelheim, "Barbablù è una storia sulle pericolose tendenze del sesso, sui suoi segreti e sul suo stretto rapporto con le emozioni violente e distruttive; in breve sugli oscuri aspetti del sesso che possono benissimo essere tenuti nascosti dietro una porta"[106].

Nel rifacimento carteriano del racconto, il tirannico e assassino Barbablù comprende in sé connotati della Tigre, della Bestia e del lupo-cacciatore, per via della sua animalità nascosta, mascherata, ingannevolmente celata sotto una "maschera" di perbenismo:

"I could see the dark, leonine shape of his head and my nostrils caught a whiff of the opulent male scent of leather and spices that always accompanied him [...]there were streaks of pure silver in his dark mane. But his strange, heavy, almost waxen face was not lined by experience [...] perfectly smooth [...] with the heavy eyelids folded over eyes that always disturbed me by the absolute absence of light, seemed to me like a mask ..."

Come accennato nel par. II, 2, il racconto mostra sintomi evidenti di contemporaneizzazione nella presenza di treni, automobili, telefoni. La storia è narrata in prima persona dalla giovane moglie di

---

[106] B. Bettelheim, op. cit. p. 291

Barbablù, ed è lei a diventarne la protagonista assoluta, con i suoi pensieri ed i suoi sentimenti, spodestando l'uomo. Tutto è visto attraverso i suoi occhi, tratto dai suoi ricordi personali: "*I remember how…*" sono le prime tre parole del racconto.

Nonostante l'eccitazione del matrimonio appena celebrato, la giovane sente che il treno non la porta verso la felicità, verso il "castello incantato" dove avrebbero vissuto "felici e contenti", bensì la porta "*away from girlhood, away from the white, enclosed quietude of my mother's apartment, into the unguessable country of marriage*"; il matrimonio è visto come una sorta di esilio in un paese ostile e ignoto: "*Into marriage, into exile*". Il forte legame con la madre, "*my eagle-featured indomitable mother*", è l'unico appiglio che le resterà anche in seguito per salvarsi dalla bestialità del marito.

Del resto, come ben lascia intendere il racconto, ella stessa è cosciente di non amarlo realmente ma di averlo sposato per allontanare lo *"spectre of poverty from its habitual place at our meagre table"*.

Il bacio di suo marito è quello della Tigre, o del lupo, *"his kiss with tongue and teeth in it and a rasp of beard"*, un bacio che già promette durezza e insensibilità, che manca di delicatezza. Egli le appare istintivamente come un giglio funereo, *"like one of those cobra-headed, funeral lilies"*, quegli stessi gigli che riempiono la loro stanza nuziale e che nella sua mente accostano inestricabilmente immagini di amore e di morte. Anche l'anello di fidanzamento non annuncia certo buona fortuna: un enorme opale antico, l'anello di famiglia appartenuto a tutte le mogli che vennero al castello fin da tempi immemorabili, ma *"opals are bad luck"* ricorda la vecchia saggia balia, e questa volta le paure della vecchia si dimostrano ben più fondate delle *"nursery fears"* della vecchia balia della Bella in *The Tiger's Bride*. Ma la ragazza è giovane, inesperta delle cose del mondo, stanca di patire la povertà e ingenuamente compiaciuta di essere stata scelta da un uomo così nobile e ricco, dopo altre mogli tanto migliori di lei. Accetta perciò di sposarlo.

Notiamo che anche questo racconto è costantemente sottolineato dal colore rosso: rosse le guance di lei, rosso il fiocco del pacco che contiene l'abito nuziale, rosso il velluto delle sedie del teatro e rosso anche quello su cui poggia l'anello, rosso soprattutto il girogola di rubini: *"his wedding gift, clasped round my throat. A choker of rubies, [...] like an extraordinarily precious slit throat"*, *"a red ribbon like the memory of a wound. [...] bright as arterial blood"*.

Il loro rapporto è basato sostanzialmente sullo sguardo di lui, sadico voyeur: *"I saw him watching me with the assessing eye of a connoisseur inspecting horseflesh, or even of a housewife in the market, inspecting cuts on the slab"*. E come la sposa della Tigre, anche la sposa di Barbablù si guarda e si stupisce di ciò che vede: *"I caught sight of myself in the mirror. And I saw myself, suddenly, as he saw me, my pale face [...]. And, for the first time [...] I sensed in myself a potentiality for corruption that took my breath away"*. In omaggio al suo voyeurismo, la stanza matrimoniale è stata riempita di specchi che riflettono in dozzine di immagini la giovane sposa e il grande letto in ebano scolpito (dei mostri leggendari, i gargoyles, sono scolpiti sul letto, mostri letali, a sottolineare ancora che pericolo e morte incombono sulla sposa). Negli specchi si *moltiplica* l'immagine di lui che la spoglia, come in un rituale, *"ritual from the brothel"* , lasciandola con indosso soltanto stivaletti, guanti e lo scarlatto gioiello, immagine vivente di un'acquaforte di Rops:

"[...] the child with her sticklike limbs naked
but for her button boots, her gloves, shielding her
face with her hand as though her face were the last
repository of her modesty; and the old monocled

lecher who examined her limb by limb. He in his London tailoring; she, bare as a lamb chop. Most pornographic of all confrontations"[107]

La giovane si rifugia fra I libri della libreria, ma anch'essa contiene solo volumi "proibiti" che parlano di perversioni, con figure più che esplicite e scioccanti. Ella ne è spaventata, ma il sadico marito la schernisce.

Il loro primo rapporto assomiglia più ad uno stupro, violento e doloroso, perfino umiliante. Quando una improvvisa telefonata di affari lo costringe a partire, egli le lascia tutte le chiavi della casa, con la ormai nota proibizione di usare una sola fra esse, quella della stanza segreta, chiave che l'avrebbe

---

[107] Una immagine simile a quella descritta in *The Bloody Chamber* si trova in *Black Venus*, il racconto che dà il titolo alla omonima raccolta, in cui vi è un disperato ritratto di Jeanne Duval, l'amante di Charles Baudelaire; anche il loro rapporto, sebbene privo sia di vera passione che di violenza, è visto dall'autrice come basato su un gioco voyeuristico di danze e di pose sensuali: "*She danced naked. Her necklaces and earrings clinked [...] if she should put on the private garments of nudity, [...] then he himself must retain the public nineteenth-century masculine impedimenta of frock coat [...]; white shirt [...]; oxblood cravat; and impeccable trousers. There's more to Le Dejeuner sur l'Herbe than meets the eye...*"

portata ai più neri segreti dell'anima del marito, agli aspetti perversi e letali della sessualità di lui.

Rispetto alla storia originale compare qui anche un ulteriore co-protagonista, di secondo piano in funzione allo svolgimento della vicenda ma importante per il suo significato in essa: l'accordatore di pianoforti, il giovane musicista cieco dall'animo gentile, giusto contrappunto alla eccessiva visualità e al voyeurismo del padrone di casa; privato anche della sola possibilità dello sguardo, egli è colui che non cerca in lei l'appagamento estetico ma che la ammira unicamente per se stessa, per il suo coraggio e la sua bravura, per la sua delicatezza di sentimenti. Sarà lui, alla fine, a darle la possibilità di un nuovo, diverso inizio.

Cominciando, un per noia e un po' per curiosità, l'eplorazione della casa, frammenti e indizi della vera natura di suo marito anticipano ciò che ella troverà nella cripta segreta: una dedica su una cartolina *"the supreme and unique pleasure of love is the certainty that one is doing evil"*; la frase di un poeta *"There is a striking resemblance between the act of love and the ministrations of a torturer"*; infine un lungo, stretto corridoio che porta verso il basso, in una simbolica discesa negli abissi perversi della mente del marito, fino alla stanza proibita, la camera della tortura, *"a little museum of his perversity"*, con i corpi mutilati delle mogli precedenti.

In un susseguirsi di immagini gotiche e orrorifiche, in un clima di sangue e di morte, la giovane donna scopre la verità e fugge via cercando di cancellare le tracce del suo passaggio. Pianifica una fuga dal castello, impedita dalla marea (il castello infatti sorge su un isolotto circondato dal mare e l'unica strada che porta ad esso è agibile solo quando c'è bassa marea).

Nasce intanto l'amicizia con il giovane accordatore, ma egli non può aiutarla, non può opporsi al tiranno: non è l'eroe cavalleresco che salva la donna amata.

Freneticamente, mentre inarrestabile la marea scende e porta con sé il ritorno del crudele marito, la donna cerca di ripulire la chiave della cripta dal sangue in cui era caduta, ma niente serve a togliere la macchia. Non è più possibile fare niente: ella è caduta in una trappola fatta apposta per condurla a questo punto, si è comportata esattamente come lui prevedeva e desiderava, e solo ora ella ne è cosciente:

"I must pay the price of my new knowledge.
The secret of Pandora's box; but he had given me
the box, himself, knowing I must learn the secret. I
had played a game in which every move was
governed by a destiny as oppressive and
omnipotent as himself, since the destiny
was himself; and I had lost"

Seppur terrorizzata, la donna è ancora capace di impietosirsi per il marito, per la *"atrocious loneliness of that monster"*, che ancora una volta lo avvicina alla Tigre e alla Bestia.

La chiave, pressata sulla fronte di lei, vi lascia impressa la macchia di sangue, un marchio di Caino, il marchio che segna la donna che ha conosciuto le oscure profondità della perversione, destinata a portarne il segno per sempre, dentro e fuori di sé. Ma anche il segno della donna che ha disobbedito, che ha tradito la fiducia del marito, una sorta di lettera scarlatta a indicare la sua colpa, la colpa di Eva, di colei che ha voluto conoscere troppo, che si è illusa di poter instaurare con l'uomo un rapporto di parità.

Ormai pronta al martirio e alla morte, però, come in un sogno (come in una fiaba!) miracolosamente ella vede arrivare la salvezza: non è un principe azzurro a cavallo, non è un eroe venuto in suo soccorso, ma la madre, " *a crazy, magnificent horsewoman in widow's weeds*", che impugna il revolver del defunto marito.

La fiaba ha preso un altro corso, la storia si è ribaltata, la vittima designata non muore mentre muore invece lo sbigottito signore del castello: *"The puppet master, open-mouthed [...], impotent at the last, saw his dolls break free [...] and start to live for themselves"* e, nel rovesciamento finale, perfino il castello degli specchi e delle torture, prima intriso della perversione visiva del padrone, museo di amore e di morte, diventa alla fine una scuola per bambini ciechi, dedicata interamente all'innocenza.

Numerosi altri racconti contengono immagini di amore e di morte, in tutte le altre opere della Carter, come in *The Lady of The House Of Love*, dove una bellissima vampiressa attira le sue vittime al castello con l'illusorio miraggio di una notte d'amore, fino a che –innamoratasi realmente- per amore muore ella stessa e con la morte mette fine alla sua dannazione.

O ancora come nel già trattato finale di *John Ford's 'Tis PityShe's a Whore* (cfr. par. II,4) o nel suddetto *Master*, in cui si intrecciano momenti di violenza sessuale su una giovane indigena africana e momenti di caccia sfrenata dove uccidere animali senza alcun reale motivo diventa uno sport sacrilego. Oppure, infine, nella parodia della storia della vita di E.A. Poe in *Black Venus, The Cabinet of Edgar Allan Poe*, dove si sottolinea il legame presente nello scrittore americano fra le sensazioni provate alla morte di consunzione dell'ancor giovane madre e successivamente i suoi amori per donne dall'aspetto malato e funereo.

7) RIFLESSIONI

Il titolo simbolico di questo paragrafo è lo stesso dato da Angela Carter ad uno dei suoi racconti, *Reflections* appunto, in *Fireworks*. La parola non sta qui ad indicare pensieri, bensì le immateriali immagini riflesse contenute negli specchi.

Gli specchi infatti hanno una enorme importanza nell'opera di questa autrice e sono presenti in quasi tutti i suoi racconti e romanzi: così la ragazza che si specchia nell'acqua dello stagno in *A very, Very Great Lady and Her Son at Home*, "*I gazed on my reflection in the rippling water[...] I was that lovely being*"; e così pure la donna di *Souvenir of Japan*, la quale si rispecchia nel proprio compagno asiatico e parla del grande rispetto che i Giapponesi hanno per gli specchi, poiché "*Mirrors make a room uncosy*", tanto da aver riempito l'intera città di specchi "*which continually proliferated whole galleries of constantly changing apperances, all marvellous but none tangible"*. Le "halls of mirrors", poi, fanno parte dei piaceri proibiti che Lady Purple vende, in *The Loves of Lady Purple*; e addirittura gli specchi compaiono nel titolo di uno dei racconti, *Flesh and the Mirror*, dove la solita donna europea (alter-ego dell'autrice stessa) tradisce il suo amante giapponese in una avventura voluttuosa e sensuale di una notte con uno sconosciuto, in una stanza d'albergo dal soffitto coperto di specchi, così che gli amanti potessero vedervi riflessi i propri corpi avvinghiati: *"the mirror had been dedicated to the reflection of chance embrace. Therefore it treated flesh [...]with charity and indifference"*.

Un intero racconto, sempre in *Fireworks*, basato su un gioco di specchi, è il succitato Reflections: qui un giovane, durante una passeggiata in un boschetto, è colpito dal canto di una ragazza, *"A voice that pierced the senses of the listener like an arrow in a dream"*; inciampando improvvisamente in un oggetto egli scopre una grossa conchiglia pesantissima e molto strana: *"the whorls of the shell went the wrong way. The spirals were reversed. It looked like the mirror image of a shell [...]; in this world, it could not exist outside a mirror"*. Raggiunto dalla ragazza con un fucile ed un enorme cane nero, è costretto a seguirla in una strana casupola. Qui una voce antica, debole, profumata quasi di fiori essiccati, li invita ad entrare. E i sensi cominciano a confondersi, coinvolti da qui in avanti in un labirinto di rovesciamenti. L'anziana persona che li attende è un essere androgino, sebbene in abiti femminili, e ha dita *"indecently long, white and translucent as candles on a cathedral altar"*. Ininterrottamente l'essere produce una aerea coltre lavorata all'uncinetto, una quantità enorme di lavoro lanuginoso che copre tutto e scende perfino dalle scale. Anche la faccia della vecchia è duplice, con un profilo maschile ed uno femminile.

Un immenso specchio è appeso ad una delle pareti della stanza, riflettendone fedelmente tutto l'interno. Qui si viene a sapere che l'enorme conchiglia trovata nel bosco proviene da un altro mondo, dalla Luna, e precisamente dal Mare della Fertilità dove tutto in realtà è morto (al contrario del significato del nome stesso del luogo); si è venuta a trovare nel bosco a causa di un minuscolo errore nella maglia che la vecchia sta tessendo; l'unico modo per rimandarla al suo posto è quello di gettarla nello specchio, il quale la inghiotte nel suo mondo riflesso. Ma ora il giovane sa troppo, e viene a sua volta condannato a entrare nello specchio, sotto la minaccia del fucile di Anna, la ragazza (nipote dell'essere androgino), il cui nome è esso stesso auto-riflettente, in quanto palindromo cioè leggibile da entrambe i versi. Per entrare nello specchio, il giovane deve baciare la propria immagine riflessa, novello Narciso: *"Kiss yourself in the mirror, the simbolic matrix of this and that, hither and thither, outside and inside. [...] yet, when the twinned lips met, [...] these mirrored lips of mine were warm and throbbed. This mouth was wet and contained a tongue, and teeth. [...] the pleasure of the embrace was intense; I swooned beneath it".*

Con quest'azione egli passa dall'altra parte dello specchio , dove tutto è al contrario, in un mondo riflesso dove la luce è nera, dove tutto è rovesciato nel proprio opposto. Per camminare in una direzione, qui occorre andare in quella opposta, per avvicinarsi occorre allontanarsi, e così via; perfino le ragnatele hanno la struttura rovesciata e l'aria è irrespirabile perché densa e compatta come acqua e fatta di una sostanza che non trasmette né suono né odore.

Tutti i sensi, pure, agiscono al contrario: i fiori emanano aure di colori, mentre i suoni o il silenzio sono visibili. Il nero cane di Anna è ora bianco ed è una cagna. Gli odori risuonano, tanto da assordare. E in questo mondo al contrario è l'uomo ad essere violentato: Anna si lancia su di lui e gli usa violenza, lo stupra, ed è l'uomo questa volta a sentire il dolore e l'umiliazione: *"Her rape, her violation of me, caused me atrocious physical and mental pain. [...] I felt such outrage ..."* . Raggiungendo (con la mano opposta) il fucile, egli riesce a liberarsi e, sparando in aria (*"The bullet pierced a neat, round, empty hole in the flat vault of the heavents..."*) la uccide (la stupra? E' questo che l'essere androgino grida: *"A rape! She's raped!"*).

Infine egli riattraversa lo specchio ed attacca la vecchia; il tempo sembra fermarsi, poi riparte a mostruosa velocità: in un momento l'essere è in punto di morte, e morendo si manifesta come la "sintesi personificata" che stava "tessendo la tesi e l'antitesi insieme, questo mondo e quel mondo".

Ormai ogni coesione è persa, è il caos. Ma l'uomo, arrogante, si sente vincitore, orgoglioso, pieno di sé; ritorna allo specchio ad abbracciare *"myself, my antiself, my self not-self, my assassin, my death, the world's death".*

Specchi ci sono anche nella camera nuziale della moglie di Barbablù, come abbiamo visto, a moltiplicare le immagini degli amplessi, e specchi magici nelle versioni de La Bella e la Bestia, attraverso cui vedere ciò che accade nel mondo esterno. Specchi magici, specchi d'acqua, specchi di vetro d'ogni forma e misura, che riflettono e duplicano le immagini o che si rifiutano di rifletterle (come non possono essere riflessi negli specchi i vampiri, in *The Lady of the House of Love* e *Wolf-Alice*); specchi per guardarsi, per conoscersi, per truccarsi e cambiarsi, per perdersi nel proprio riflesso, per entrare nell'anima.

Particolarmente significativi sono poi gli specchi dei camerini degli attori, come quello di *The Cabinet of E.A. Poe*, in cui la madre del piccolo futuro scrittore si specchiava per cambiarsi durante gli spettacoli teatrali: *"Her mirror, the actress's friend, the magic mirror in which she sees whom she has become, no longer aknowledged any but a death's head. [...] Edgar knew the somebody elses she so frequently became lived in her dressing-table mirror and were not constrained by the physical laws that made her body rot"*.

C'è anche un rifacimento parodico di *Through the Looking Glass*, un racconto intitolato *Alice in Prague or the Curious Room*, nell'ultima raccolta della Carter, *American Ghosts and Old World Wonders*.

Gli specchi acquistano innumerevoli valori e significati a seconda del contesto: possono diventare strumenti di conoscenza di sè, di comprensione della propria identità, strumenti di vanità o anche di erotismo, oppure al contrario possono diventare "porte" per un altro mondo (così ad esempio Alice *"was [...] looking at herself in the mirror. Bored, she breathed on the glass until it clouded over and then, with her finger, she drew a door. The door opened. She sprang through...").*

E' dall'antichità che l'immagine umana riflessa in uno specchio è considerata emanazione dell'anima, ed è in questo senso che, alla fine di *Wolf-Alice*, il Duca-vampiro riacquista la propria umanità, ritrova un'anima e con essa ricompare il suo riflesso nello specchio.

Eppure il nostro riflesso nello specchio è ambivalente, può rappresentare tanto la nostra esteriorità quanto la nostra interiorità, sia l'immagine di noi stessi in cui ci riconosciamo perfettamente, sia quella che non accettiamo, quella che vorremmo nascondere.

Il fatto poi di riconoscere in quel riflesso una persona a sé stante, un amico, e di provare affetto per quella come fosse una persona reale, è proprio

dei bambini piccoli e la Carter lo mostra molto
bene in *Wolf-Alice* (cfr. par. II,4).

Come la stessa Carter dice in una nota a *Fireworks*[108]
, *"the play of surfaces never ceased to fascinate
me"* e, richiamandosi ai racconti gotici di Poe e
Hoffman, accosta il tema ricorrente degli specchi
alla *"imagery of the unconscious"*.

Insieme alle specchio, come abbiamo visto in
Reflections, fa parte di queste immagini simboliche
anche l'essere androgino, sia uomo che donna,
perfetta unione dei due sessi, riconciliazione degli
opposti. Questa è una figura mitologica, come nota
anche Joseph Campbell[109], sempre circondata da un
certo alone di mistero, perchè conduce la mente al
di là dell'esperienza oggettiva, in un regno
simbolico dove non può esservi dualità intesa come

---

[108] A. Carter, *"Afterwords to Firewoks"*, in *Burning Your Boats*,
Chatto and Windus, 1995, p. 460

[109] J. Campbell, *L'Eroe dai Mille Volti*, op. cit. p. 137

contrapposizione di opposti ma solo compenetrazione e compresenza.

Figure androgine, bilaterali, si trovano dunque in molti racconti e romanzi di Angela Carter, dalla indistinta figura di Alberto/Albertina in *Nights at The Circus* (un altro dei compagni di Fevvers nel tableau vivant di Mme Schreck), a Hermy di *Ouverture and Incidental Music for A Midsummer Night's Dream*, racconto contenuto in *Black Venus*, parodia della notissima commedia shakespeariana.

Quest'ultimo è un racconto bizzarro e dissacrante, anti-favolistico, dove il bosco delle fate non è afftto situato nei pressi di Atene, come nella versione originale, bensì *"somewhere in the English Midlands, possibly near Bletchley"*, ed è tanto umido e piovoso che tutte le fate sono raffreddate e non fanno che starnutire, scuotendo le foglie dei cespugli: *"for no place on their weeny anatomies to store a hankerchief"*. Più che un sogno, il racconto diventa un incubo, "a midsummer nightmare", in cui il dorato ermafrodita, nipote adottivo di Titania, (*"the great fat, showy, pink and blond thing [...] auntie Tit-tit-tit-ania -for her tits are the things you notice first, size of barrage balloons-"*), è protetto dale voglie del folletto Puck e del potente Oberon.

"I am Herm, short for hermaphrodite verus, one testis, one ovary, half of each but all completed and more, much more, than the sum of my parts". E' questa l'ultima spiaggia della realizzazione di una unione dei sessi, di una uguaglianza nell'unità e della compresenza degli opposti; è l'ermafrodita l'unico vero "specchio" di entrambi i generi e la loro perfetta conciliazione.

CAPITOLO III

LE DINAMICHE DEL RACCONTO CARTERIANO:

Cosa, come, perchè.

1) FEVVERS, EMBLEMA DELLA DONNA NUOVA.

Come abbiamo visto, Angela Carter cerca, attraverso la riscrittura delle fiabe, di porre nuove basi per l'educazione della donna nell'ambito della società e del rapporto con l'uomo. Messa in crisi dalla scoperta della propria individualità, che prepotentemente cerca di venire alla luce a dispetto dei valori catranti della società patriarcale, la donna è come un bambino che deve imparare a camminare da solo, ed allo stesso modo ella deve imparare a dominare quell'elemento estraneo che è la sua stessa voglia di indipendenza e di autonomia.

L'immagine simbolica che si cerca di superare, di combattere, è quella che compare in *Nights at The Circus*, nei panni di una vecchia donna russa che si muove faticosamente intorno al focolare: "femminilità offesa e avvizzita. Simbolo e donna o donna simbolica, [...] i suoi movimenti lenti e tristi [...] erano pieni della dignità di chi non ha speranza".

In opposizione a questa donna, piegata e sottomessa, domina l'intero romanzo con la Nuova Donna, Fevvers, la donna lata, simbolo della imminente liberazione, la prorompente aerealist del circo, che impersona l'uccello che rompe le sbarre della sua gabbia dorata e vola via. Il suo arrivo in tournèe coincide significativamente con lo scoccare del nuovo secolo, il ventesimo (il racconto si situa dunque nel 1899), ed ella è invocata come "il messia del secolo che attende dietro le quinte, la Nuova Era in cui le donne si libereranno dalle loro catene".

Fevvers è la nuova donna, che comprende bene il proprio ruolo nel mondo ("Noi donne, a conti fatti, sosteniamo il mondo") e comprende la "illimitata libertà" che il suo corpo racchiude. Ella non attende il bacio del principe, perchè ha imparato che "quel bacio [...] (la) avrebbe rinchiusa per sempre dentro la [...] (sua) apparenza".

Sfuggita alla reclusione nel "museo degli orrori" in cui Mme Schreck, una lugubre vecchia simile alla Morte stessa, teneva numerose ragazze deformi o comunque "diverse"; sfuggita al metafisico rito di amore e morte, cui voleva sottoporla un bizzarro filosofo rosicruciano convinto di aver trovato in lei l'Angelo della Morte; sfuggita anche ad un non meno inquietante Granduca russo che voleva tenerla come un automa nella sua collezione di giocattoli meccanici preziosissimi, Fevvers ritrova la sua vera ragione di vita nel gelido paesaggio della Siberia dove si trova per qualche tempo bloccata.

La sosta in Siberia è simbolica del passaggio attraverso un mondo puro (l'accecante bianchezza della neve), fiabesco: vi si trovano stazioncine di legno che sembrano fatte di panpepato; bambini, simili a "folletti generati dall'aria" e le loro piccole offerte di cibo; una "landa desolata che sembra appartenere a un mondo preadamitico", una specie di Limbo. Qui costruiscono il loro umile "paradiso" anche un gruppo di ex-detenute di un penitenziario, tutte assassine dei loro mariti, ribellatesi alla vita non-vita cui erano state condannate, convinte che, in fondo, "ci sono molte [...] buone ragioni che spingono una donna a uccidere il marito [...] in un periodo e in un luogo in cui le donne erano considerate una proprietà o, [...] bottiglie di vino da rompere senza problemi, una volta scolato il contenuto".

Il bianco, immacolato paesaggio siberiano "aveva l'aria di essere stato appena creato: un foglio di carta pulita su cui scrivere il futuro che preferivano"; è anche per loro l'occasione di ricominciare, di farsi una nuova vita, senza più mariti nè padri-padroni.

Fevvers è la promessa si rinnovamento per tutte le donne, ed è molto significativo il seguente passo, emblema di tutta l'opera carteriana:

"[...] siamo esattamente sul confine fra due secoli; domani ne comincia un altro [...]. E quando sorgerà la nuova alba, allora [...] tutte le donne avranno le ali come me. Questa giovane [...]spezzerà le catene forgiate dalla sua stessa mente, uscirà dalla sua prigione e volerà lontano. [...] dai bordelli le recluse usciranno nelle strade, e in tutto il mondo, su tutta la terra le gabbie, dorate o no, si spalancheranno, lasciando volare liberi i loro ospiti [...]. In quel luminoso giorno [...] io non sarò più

un'anomalia ma il ritratto fedele e il paradigma di
tutte le donne, non più un parto della fantasia ma
un essere reale"[110]

---

[110] A. Carter, Notti Al Circo, vers. Italiana, Feltrinelli, Milano, pp.
329-330

2) LA CARNEVALITA' CARTERIANA

Partendo proprio da *Nights at The Circus*, viene naturale notare al suo culmine lo stile visionario di Angela Carter. Come afferma Mirella Billi[111], "*Nights at The Circus* [...] esprime una totale liberazione dalle convenzioni e dagli schemi: racconto immaginario e visionario, realistico e storico, [...] può essere appropriatamente definito parodia carnevalesca in senso Bachtiniano [...] dove il comico si fa serio, il serio comico, il basso alto e l'alto è perennemente 'scoronato'."

Nella concezione di Bachtin, infatti, ha particolare importanza l'umorismo, il riso, la dissacrazione rituale, la festa popolare: egli sottolinea il valore liberativo del rovesciamento carnevalesco. La carnevalità, infatti, crea una metaforica atmosfera di uguaglianza e di libertà, in cui tutti i valori "alti"

---

[111] M. Billi, *Il Testo Riflesso*, op. cit

vengono scambiati con quelli "bassi", dove vige il travestimento scherzoso; è una risata universale riconosciuta come principio creativo. E, secondo la spiegazione data da Meletinskij, "il carnevale, il banchetto, le battaglie, le risse [...] e le maledizioni si riuniscono in questo carnevalesco inferno [...] che rappresenta [...] il 'basso' corporale dell'uomo [...], immagine iperbolica e cosmica del corpo umano con [...] le parti del corpo sporgenti [...] e allargate, attraverso le quali il corpo entra in contatto con l'ambiente circostante"[112].

Così le ali di Fevvers si dispiegano, quasi a voler comprendere in un abbraccio tutta la terra.

Emblematici a questo riguardo sono altri due momenti di *Nights at The Circus*: uno è quello della vestizione dei clowns: "La prima volta che Walser si truccò [...] provò un accenno di quella vertiginosa sensazione di libertà [...] che si cela dietro la maschera, nella dissimulazione, la libertà

---

[112] E. Meletinskij, Il Mito, op. cit. p.147

di giocare con il proprio essere e con il linguaggio, [...] la libertà che è insita nella parodia". Questo passo mi pare illumini molto bene quell'idea di liberazione attraverso la parodia e il rifacimento delle fiabe che fin dal principio stiamo cercando di mostrare.

E continua: "L'allegra creata dal clown cresce in proporzione alle umiliazioni che è costretto a subire [...] si potrebbe anche dire che il clown è l'immagine stessa del Cristo, [...] il capro espiatorio, schernito e reietto [...]."[113].

E infine "I clown [...] Una banda di irregolari a cui sono permessi i più feroci gesti di pirateria a patto che [...] conservino il loro aspetto bizzarro, grazie al quale le loro esplosioni comportamentali implicano una violenza senza rischi, anche se dobbiamo imparare a ridere di loro e le nostre risate nascono, almeno in parte, dall'aver vinto la battaglia contro la paura"[114].

---

[113] A. Carter, *Notti al Circo*, op. cit. p. 136-137

Naturalmente la "paura" di cui si parla è qui metaforicamente quella delle donne, sottomesse con soprusi e angherie, rese schiave dalla soffocante educazione patriarcale che vede solo l'uomo in posizione privilegiata rispetto a donne, vecchi e bambini considerati invece troppo deboli per vivere la propria vita.

L'ampio ruolo giocato da maschere, ironia, umorismo e carnevalità nell'intero corpus dell'opera di Angela Carter, implica dunque l'intenzione liberatoria e dissacratoria, e quella che ancora Meletinskij chiama la "illimitata libertà d'artista contemporaneo nei confronti del sistema tradizionale di simboli", sistema che la nostra autrice intende sovvertire.

Ricordiamo inoltre che, come giustamente fa notare Olga Kenyon[115] , fino a poco tempo fa la donna era

---

[114] A. Carter, *Notti al Circo,* op. cit. p. 178

[115] O. Kenyon, *Women Novelists Today*, Brighton, Harverster Press, 1988, pag 106

considerata anche meno capace di umorismo rispetto agli uomini, meno ironica.

L'umorismo è un mezzo per sfuggire a norme e stereotipi ritenuti seri, attraverso la ridicolizzazione, così da cambiare con gioia, ridendo, e ridendo coinvolgere tutto il mondo nella trasformazione; è quello che la aerealist Fevvers simboleggia, nell' ultima travolgente pagina di *Nights at The Circus*:

"la sua risata uscì dalla finestra [...] penetrò
attraverso tutte le fessure delle finestre e
delle porte di tutte le case del villaggio .
I membri della tribù si mossero nei letti,
ridacchiando per quel grandioso scherzo
che aveva invaso i loro sogni [...] e Fevvers
rideva, rideva, rideva.
E il riso della giovane donna si levò dalla
taiga con un movimento con un movimento
a spirale e [...] si sparse sopra la Siberia [...].
Il tornado vorticante creato dalla risata di
Fevvers cominciò a scuotersi e a tremare su
Tutta la terra, [...] finchè ogni essere vivente,

ovunque, prese a ridere irrefrenabilmente"[116]

---

[116] A. Carter, *Notti al Circo,* op. cit. p. 341

3) RICHIAMI SHAKESPEAREANI

Il richiamo a opere e personaggi di Shakespeare è fitto e costante attraverso l'opera della nostra autrice: a partire dai più noti personaggi delle tragedie, da Ofelia a Giulietta e a Desdemona; numerosi i richiami ad Amleto, ma costanti anche quelli a drammi più leggeri, come il *Midsummer Night's Dream* e *The Tempest*. Molti sono i personaggi shakespeareani che entrano nei racconti della Carter come ruoli interpretati da attrici ed attori, come in *The Cabinet of Edgar Allan Poe*, dove i più diversi ruoli vengono attribuiti alla carriera teatrale della madre del celebre scrittore.

Già abbiamo accennato anche al rifacimento shakespeareano contenuto in *Overture and Incidental Music for A Midsummer Night's Dream* (cfr. par. II,7) dove fra l'altro troviamo un significativo brano che prelude ad un momento del romanzo *Wise Children,* l'ultimo scritto dall'autrice. Il brano in questione riguarda la fondamentale differenza che c'è tra la foresta selvaggia e pericolosa delle fiabe nordiche popolari ed invece il "domestico" bosco inglese, ricostruito secondo una immagine shakespeareana ma "addolcito" e come messo in ordine.

"The English wood is nothing like the dark, necromantic forest in which Northern European imagination begins and ends [...]. No. There is a qualitative [...]difference. [..] For example, an English wood, however marvellous, however metamorphic, cannot [...] be trackless, although it might well be formidably labyrinthine.
Yet there is always a way out of a maze, and [...] You know that it is there. [...] But to be lost in the forest is to be lost to this world, [...] to lose yourself utterly [...], for the forest is as infinitely boundless as the human heart."

Il brano, ancora molto lungo, occupa tre intere pagine (buona parte del breve racconto) e mi pare molto importante per la comprensione di alcuni aspetti dell'opera della Carter.

Prendendosi gioco dei boschi "domestici", in cui tutto è definito e ordinato con precisi limiti, entro i quali "you purposely mislay your way" per il puro piacere di una temporanea vacanza, boschi incantati dove c'è abbondanza di cibi ("Mother Nature's greengrocery store") e non esistono più i lupi, boschi che mostrano una "secular faith in the absence of harm in nature", boschi che sono perfino "kind to lovers", Angela Carter mette in discussione quel mondo puritano e borghese in cui si dà importanza unicamente alla forma, alla esteriorità perdendo invece di vista l'interiorità, la spiritualità.

Viene messa in discussione così quella stessa educazione rigida e castrante, nemica del libero volo della fantasia, che ha messo in catene anche donne e bambini, troppo istintivi entrambi e legati alla natura; quella educazione e quella mentalità chiusa, dedita solo al cieco dovere e allo sfruttamento capitalistico dell'ambiente e delle persone.

"The wood we have just described" –conclude la descrizione- *"is that of nineteenth-century nostalgia, which disinfected the wood, cleansing it of the grave, hideous and elemental beings with which the superstition of an earlier age had filled it. Or, rather, denaturing, castrating these beings until they came to look just as they do in those photographs of fairy folk that so enraptured Conan Doyle"*.

Le foreste in cui invece si inoltrano i personaggi di Angela Carter sono foreste fitte, pericolose ed ignote, profonde come l'animo umano, oscure come "il ventre della balena"[117], foreste primordiali, mangiatrici di uomini, nidi di morte.

---

[117] A. Carter, *Notti al Circo*, op. cit. p. 261 e seg.

Nella foresta si attua il rinnovamento, la rinascita di uomini e donne come dopo una immersione nell'inconscio, nella nera foresta dei riti di iniziazione. Quello della Carter è un bosco "vero, pericoloso, inquietante [...], ma dall'aspetto irreale, dipinto [...], il bosco che ti trasforma, che ti fa impazzire, il bosco in cui le ombre vivono più di te"[118].

Le esperienze mistiche sono raggiunte attraverso la comunione con la natura, ma solo le menti libere possono raggiungerla; come afferma Dieter Richter[119], l'adulto che ha imparato a dominare le sue passioni e i suoi istinti, vede il bambino (e la donna!) come un essere selvaggio: "più l'adulto ha domato le pulsioni della sua natura selvaggia e dimenticato i suoi sogni, più grande è la sua paura di fronte a tutti quegli ambiti [...] non [...]

---

[118] A. Carter, *Figlie Sagge*, Rizzoli, Milano, 1992

[119] D. Richter, *Contenuti sociali nelle fantasie fiabesche nel corso del mutamento storico*, in *Tutto è Fiaba*, op. cit. p. 231

addomesticati. La paura della seduzione della natura e della fantasia…".

E' questo il motivo per cui le fiabe di Perrault in particolare e in generale quelle tramandate per iscritto dalla cultura dominante, solo apparentemente sono ricche di motivi fantastici ma in realtà tendono ad instradare il bambino nella ben determinata corsia dei valori socio-culturali prestabiliti, spingendo la sua mente malleabile verso uno "stampo" chiuso e soffocante. Tornando ai richiami fitti e ricorrenti di Shakespeare, non si può fare a meno di accennare sia pur brevemene alla roboante commedia (o meglio pseudo-commedia, in prosa) in cinque atti che è *Wise Chidren*; è una storia molto intricata, in cui si intrecciano le vicende di varie coppie di gemelli ("twins are such a feature of Shakspeare", afferma l'autrice in una intervista con Peter Campbell), si scambiano i ruoli dei padri e dei figli, legittimi e illegittimi.

Il teatro, shakespeareano o di cabaret, la televisione e tutto ciò che è spettacolo pervade l'intero libro, e il racconto si basa su un miscuglio parodico di motivi shakespeareani: sostituzione di partners, scambi di mogli, tentati avvelenamenti, trasformazioni e travestimenti, padri e figlie che si amano e si odiano, che si perdono e si riscoprono, e perfino una tripla cerimonia nuziale durante la quale con un trucco si evita un matrimonio non desiderato e si attua invece il ricongiungimento di una coppia, la realizzazione di un desiderio.

Quest'ultimo romanzo sintetizza le caratteristiche dell'opera della Carter: lo stile fluido, la mutevolezza dei registri, l'invenzione fantastica, l'ironia, l'esuberanza.

Il racconto è percorso da profumi francesi ma anche da odori stantii, da notti stellate e da giorni di guerra e bombardamenti, da trucchi illusionistici, da una forte passione per tutto ciò che è spettacolo, da gatti e farfalle, bambini e vecchi centenari, gemelli buoni e gemelli perfidi...

Vita e teatro si fondono e si confondono, anche grazie ai costumi di scena. E su tutto aleggiano continui richiami letterari: Shakespeare, fiabe per bambini, Dylan Thomas, Joyce, Alice in Wonderland, Jane Austen, Orscar Wilde, sono solo i richiami più evidenti.

4) SPETTACOLARITA', PANTOMIMA, RADIOPLAYS

Dal teatro elisabettiano al cabaret e all'avanspettacolo, il passo è piuttosto breve. Già abbiamo visto come in *Wise Chidren* si contrappongano le varie forme di spettacolarità, fino a comprendere i contemporanei show televisivi, consacrazione della cultura della esteriorità, della moda, della visualità.

La spettacolarità era fondamentale per l'autrice, il cinema l'aveva stregata quando aveva cominciato ad andarci negli anni Cinquanta, e ne parlò sempre con entusiasmo: *"it seemed to me, when I first started going to the cinema intensively in the late Fifties, that Hollywood had colonised the imagination of the entire world and was turning us all into Americans. [...] it fascinated me"*, affermava infatti in *Expletives Deleted*[120]. Insieme al cinema, la attrassero le possibilità espressive della radio: scrisse infatti dei radioplays, trasponendo per la versione radiofonica alcuni suoi racconti, come *Puss-in-Boots* (Il Gatto con gli Stivali) e *The Company of Wolves*. Quest'ultimo racconto fu poi anche trasposto in versione cinematografica (1984). Il radiodramma, più del film, amplia le possibilità espressive, perché non lega la fantasia a immagini predeterminate ma crea le ambientazioni più disparate e i diversi effetti per mezzo dei soli suoni. Il mondo della pantomima, poi, l'attrasse sempre molto, tanto da farle dedicare ad esso anche un intero racconto in *American Ghosts and Old World Wonders: In Pantotland*.

Il racconto comincia con l'esclamazione *"I'm bored with television, [...] I will descend again to Pantoland!"*.

---

[120] A. Carter, *Expletives Deleted*, in *Independent on Sunday Review*, suppt. 22 Mar. 92, pp. 26-27.

Pantoland è il mondo della pantomima, dove tutto è grandioso ed eccessivo e dove i ruoli si fondono e si intrecciano: la parte femminile è aggressiva, "phallic", mentre quella maschile è debole; inoltre tutto è bidimensionale. E' un mondo da cartone animato, da scenografie di cartone, fittizio. Tutto è illusione e trasformazione, *"and, sometimes, as if it were the greatest illusion of all, there might be an incursion of the real"*. In Pantoland i personaggi vivono per sempre –cambiano solo gli attori che li interpretano- . Ma soprattutto Pantoland è l'espressione della carnevalità, *"is the carnival of the unaknowledged and the fiesta of the repressed, everything is excessive and gender is variable"*.

La Dama è il personaggio-capo, di sesso ambivalente, sacra divinità del palcoscenico; l'Oca in Mamma Oca è "the Hamlet of animal roles"; la mucca, poi, è fatta da due persone piegate; il gatto è una specie di carnevalesco Gatto con gli Stivali, "going on two legs more often than on four to stress his status as intermediary between the world of the animals and our world".

Il principale ruolo maschile è qui ovviamente interpretato da una donna (contrappunto a quanto accadeva nel teatro antico in cui, data la posizione sociale delle donne, ritenute meno importanti e capaci degli uomini, i ruoli femminili venivano interpretati da giovani maschi con fattezze ancora abbastanza delicate da poter apparire come donne), ritenuta un uomo non tanto per le forme del corpo quanto per il linguaggio del corpo stesso: il suo comportamento non è quello delicatamente femminile che le si addirebbe, bensì *"she marches with [...] martial a stride [...] and throws out her arms in wide, generous, all-encompassing, patriarchal gestures, as if she owned the earth [...], her voice is a deep, dark brown"*. Ma, termina Angela Carter citando Umberto Eco, *"An everlasting carnival does not work"*, non si può far festa per sempre. *"The essence of the carnival, the festival, [...] is transcience. It is here today and gone tomorrow, a release of tension not a reconstruction of order, a refreshment [...] after which everything can go on again exactly as if nothing had happened"*.

Tutto questo, infine, proprio nell'ultima frase è polemicamente contrapposto alla televisione: mentre la pantomima è il mondo del rovesciamento carnevalesco di cui si è detto nel paragrafo III-2, la televisione è al contrario il mondo dei ruoli esageratamente realistici e ne perpetua modelli di immagini stereotipate, fissando i personaggi nelle loro vesti più tipiche, concentrandosi sulla mostra dell'esteriorità, impedendo così la liberazione del travestimento.

5)   LA TEMPORALITA' NEGLI SCRITTI DI ANGELA CARTER

Avendo reso i personaggi delle fiabe più veri, più individualizzati e meno tipici (nonostante il loro valore voglia essere quello di simboli universali), Angela Carter dà loro anche una diversa temporalità come si è già più volte notato (cfr. par II-2); prima di tutto le storie sono iscritte in una contemporaneità magica, in un mondo esemplare e per questo sospeso tra fiaba e realtà, ma popolato di oggetti reali e quotidiani, recenti (abbiamo visto treni, automobili, telefoni...). Inoltre i personaggi così costruiti acquistano anche un proprio spazio, una propria vita nel tempo, e dunque un passato, dei ricordi, speranze per il futuro, progetti, sogni. In tal modo il tempo è diventato dei personaggi, dipendente dalle esperienze di quelli.

Così ogni racconto viene a distendersi su un preciso piano logico-temporale, nell'ambito del quale l'autrice gioca variamente, inserendovi espansioni, richiami, flash-back, frammentando e incrociando i momenti del tempo "reale" della fabula.

Il tempo del racconto, inoltre, ha un grande significato per Angela Carter, secondo quanto afferma ella stessa[121] :

"Narrative is written in language but it is composed [...] in time. All writers are inventing a kind of imitation time when they invent the time in which the story unfolds, and they are playing a complicated game with [...] the reader's time, the time it takes to read A story. A good writer can make you believe time stands still".

[121] A. Carter, *Exletives Deleted*, in *ndependent on Sunday Review*, suppt. 22 Mar. 92, pp 26-27

Sono infatti molto frequenti nell'opera carteriana le immagini di orologi, fermi o che si fermano, che segnano sempre la mezzanotte –come l'orologio dorato di Fevvers, in *Nights at The Circus*, che ha in cima un Padre Tempo e le lancette sempre ferme sulle dodici- o orologi che segnano l'ora sbagliata –come la pendola del nonno in *Wise Children*-; il tempo spesso si ferma, sembra tornare su se stesso, o rallenta e poi accelera vertiginosamente: il Big Ben può così suonare per tre volte consecutive la mezzanotte, per poi accorgerci subito dopo che sono già quasi le sette del mattino (sempre in *Nights at The Circus*)! E il tempo può essere ucciso, immobilizzato.

Legato al tempo del racconto, infine, è anche il ricorrente situarsi di esso in un momento di passaggio, fra un secolo e l'altro, al "turn of the century", metaforico momento di svolta, di cambiamento, di avvento di una nuova era (cfr. par. III-1), significativo perciò del punto di svolta in cui si trova la donna rispetto alla propria posizione nella vita, nella famiglia e nella società.

6) LA SCELTA DEL RACCONTO BREVE

Stando a quanto la stessa Angela Carter afferma nella già citata nota a *Fireworks*, *Afterwards to Fireworks*, l'inizio del suo lavoro come scrittrice di racconti (tales) fu dovuto alle dimensioni della stanza in cui ella lavorava: "*I was living in a room to small to write novel in . So the size of my room modified what I did inside it...*".

A parte questa ironica spiegazione, però, le sue motivazioni si dimostrano ben più serie: innanzi tutto, ella spiega, nel racconto breve si raggiunge un grado molto più alto di fusione fra il senso ed il segno, fra significato e significante, di quanto sia possibile a una narrazione estesa piena di molteplici ambiguità.

Una distinzione viene fatta poi fra "tale" e "short-story", potremmo dire fra racconto e novella, basandosi sul fatto che essi hanno una differenza di contenuto in quanto il racconto, il "tale", ha minori pretese di realismo, di imitazione della vita. Anzi, esso interpreterebbe l'esperienza quotidiana "attraverso un sistema di immagini derivato dalle aree sotterranee oltre l'esperienza quotidiana.

Nel racconto, così, personaggi ed azioni "Are exaggerated beyond reality, to become symbols, ideas, passions".

Lo stile del racconto, inoltre, dovrà essere anch'esso esagerato, ornato, innaturale, come quello dei racconti gotici di Poe e Hoffman per i quali la Carter aveva sempre provato una forte attrazione ("*Gothic tales, cruel tales, tales of wonder, tales of terror, fabulous narratives that deal directly with the imagery of the uncoscious – mirrors; the externalised self; forsaken castles; haunted forests; forbidden sexual objects*").

Scopo principale di tutto ciò è una sorta di funzione morale: quella di "provocare disagio".

"Capire e interpretare è la cosa principale", spiega ancora Angela Carter; e poiché –come afferma in *Expletives Deleted*- "Un libro è semplicemente il contenitore di una idea, come una bottiglia", mentre ciò che davvero importa è il contenuto del libro, occorre leggere ogni racconto con attenzione:

"If you read the tale carefully, the tale
tells you more than the writer knows, often
much more than they wanted to give away
[...]. Call it the sub-text"[122]

Ed in effetti, a leggere attentamente il corpus delle opere di questa particolarissima scrittrice, ci si immerge in una intricata e fittissima ragnatela di richiami biografici, infratestuali, contestuali, sociali e privati, culturali, letterari e soprattutto numerosissimi elementi ricorrenti attraverso i suoi diversi racconti e romanzi.

---

[122] A. Carter, *Expletives Deleted,* op. cit.

I temi più evidenti e significativi sono stati analizzati nel corso del presente studio (seppur sommariamente), ma molti altri ne rimarrebbero ancora, come ad esempio la frequente presenza di incendi, simbolici di distruzione ma anche di purificazione, di una cancellazione del passato per consentire un nuovo inizio.

Ricorrenti sono anche le immagini di cibi e di pasti, consumati con voracità o con parsimonia, essendo la fame e il cibo notoriamente una simbologia con connotati sessuali ma anche sociali e culturali (e ricordiamo anche il particolare rapporto con il cibo che ebbe la Carter stessa, la quale da ragazza aveva sofferto di anoressia nervosa, manifestando attraverso il rifiuto del cibo la sua ribellione alla soffocante possessività della madre).

Ed ancora, vediamo sbucare ovunque frammenti ed immagini di teorie filosofiche, mistiche, religiose, scientifiche...

Elementi di antichi miti (come il simbolo del serpente che si morde la coda formando il cerchio magico della vita, in cui inizio e fine coincidono; oppure il simbolo della femminilità feroce, dentata); elementi di riti tribali e sciamanici (un esempio per tutti, lo sciamano siberiano in *Nights at The Circus*, ed i suoi viaggi fra gli spiriti); di teorie evoluzionistiche; di credo religiosi millenaristici e apocalittici; di psicologia infantile e di tesi freudiane (come la rappresentazione simbolica del fallo alato e il desiderio di volare inteso come potenza sessuale); e naturalmente elementi di studi strutturalistici e folclorici...

E poi molteplici allusioni al progresso, alla cultura cinematografica e letteraria, alla Bibbia, a Milton... la lista sarebbe in realtà molto lunga, tante sono le infinite minime sfaccettature dell'opera di questa autrice colta e intelligente, dagli interessi amplissimi e dalla personalità aperta ad ogni conoscenza e curiosa di tutto, una donna straordinaria che lottò con acutezza e con ironia per riscattare la figura femminile dalla schiavitù materiale e psicologica, dalla sottomissione all'uomo.

BIBLIOGRAFIA DELL'AUTORE

1966 – *Shadow Dance*, Heinemann, London

1966 – *Unicorn*, Leeds, Location Press

1967 – *The Magic Toyshop*, Heinemann, London

1968 – *Several Perceptions*, Heinemann, London

1969 – *Heroes and Villains*, Heinemann, London

1971 – *Love* , Hart Davis, London

1972 – *The Infernal Desire Machines of Dr. Hoffman*, Hart Davis, London; as *The War of Dreams*, New York, Harcourt Brace 1974

1974 – *Fireworks: Nine Profane Pieces*, Quartet, London; Harper, New York 1981

1977 - *The Fairy Tales of Charles Perrault*, London, Gollancz; Avon, New York 1978

1977 – *The Passion of New Eve*, Gollancz, London; Harcourt Brace, NewYork 1977; trad. It. *Passione Della Nuova Eva*, Feltrinelli, Milano 1984

1979- *The Sadeian Woman: An Exercise in Cultural History.* Virago Press, London. As *The Sadeian Wman and the Ideology of Pornography,* Pantheon, New York.

Trad.it. *La donna Sadiana,* Feltrinellli, Milano 1986

1979 - *The Bloody Chamber and Other Stories*, Gollancz, London; Harper, New York 1980.
Trad. It. *La Camera di Sangue*, Feltrinelli, Milano 1984.

1982 – *Nothing Sacred: Selected Writings.* Virago Press, London

1983 - *"Notes from the frontline"*, in *Gender and writing*, Ed. Michelene Wandor, London, Pandora Press

1984 – *Nights At The Circus*, Chatto and Windus, London; Viking, New York 1985;
Trad. It *Notti Al Circo.* Feltrinelli, Milano 1985

1985 – *Black Venus.* Chatto and Windus, London.

Trad. It. *Venere Nera*. Feltrinelli, Milano 1985

1991 - *Wise Children*, Chatto and Windus, London;
ed. it. *Figlie Sagge*, Rizzoli, Milano 1992

1991 - *Magical History Tour*, Interview by Peter
Kemp, Sunday Times section 6, 9 June 91

1992 - *Expletives Deleted: Selected Writings.*
Hermione Lee. Times Suppt, 19 Jun 92, pp 5-6
And in *The Independent on Sunday Review* suppt. 22
Mar 1992 pp 26-7

1992 - "Obituary of writer" *Times*, 17 Feb. 92

1993 – *American Ghosts and Old World Wonders,*
Chatto and Windus, London;
Trad. It. *Fantasmi Americani,* Anabasi 1984

1995 - *Burning Your Boats*, Chatto and Windus,
London 1995

RADIOPLAYS :

1976 - *Vampirella*

1979 - *Come unto These Yellow Sands*

1980 – *The Company of Wolves* (tratto dall'omonimo racconto)

1982 – *Puss in Boots*

1984 – *A Self-made man*

BIBLIOGRAFIA CRITICA

AA.VV. *L'analyse structurale du rècit,* Editions du Seull, Paris 1966

Trad. it. *L'analisi del Racconto,* Bompiani, Milano 1969

AA. VV. *Tutto è Fiaba*, in *Atti del Convegno internazionale di studio sulla fiaba*, Emme Ediz. SpA, Milano 1980

Atwood, Margaret, "Magic Token Through the Dark Forest", [Tribute to writer who died on 15 Feb 1992] *Observer*, 23 Feb. 1992

Bachtin M. M. *Tvorcestvo Fransua Rable i narodnaja kul'tura srednevekov'ja i Renassansa*, 1965.

Trad. it. *L'opera di Rabelais e la cultura popolare. Riso, carnevale e festa nella tradizione medievale e rinascimentale.* Einaudi, Torino 1979

Beilin Elaine V. , *Redeeming Eve, Women Writers of the English Renaissance*, Princeton, University Press 1987, 1990

Bettelheim Bruno, *The Uses of Enchantment, the meaning and importance of Fairy Tales*. Knopf, New York 1976. Trad. it. *Il Mondo Incantato, uso, importanza e significati psicoanalitici delle fiabe*, Feltrinelli, Milano 1977, II ed. 1985

Billi Mirella, in *Belfagor, Rassegna di varia umanità*, fascicolo V del 30 sett 1991, Firenze, Ed. Leo Olschki,

Billi Mirella, *Il Gotico Inglese, il romanzo del terrore 1764-1820*, Bologna, Il Mulino 1986

Billi Mirella, *Il Testo Riflesso, la parodia del romanzo inglese*, Liguori, Napoli 1993

Bremond Claude, *Logique du récit*, Editions du Seuil, Paris 1977. trad. It *Logica del Racconto*, Bompiani, Milano 1978

Bremond Claude, *La logique des possibles narratifs*, in *Communications* n 8, trad. it. in AA. VV. *L'analisi del racconto*, Bompiani, Milano 1969

Brooks Peter, *Readings for the Plot, design and intention in narrative*, Oxford, Clarendon Press, 1984, II ed.

Campbell Joseph, The Hero with a Thousand Faces, Pantheon Books, N.Y. 1953, trad. it. *L'Eroe dai Mille Volti* , Feltrinelli, Milano 1958

Clark Robert, *"Angela Carter's Desire Machine"*, in *Women's Studies*, 1987

Cronan Rose Ellen, *Through the Looking Glass*, in E. Abel, M. Hirsch, E. Langland, The Voyage in *Fictions of Female Development*, London, University Press of New England, 1983

Eco Umberto, *Lector in fabula. La cooperazione interpretativa nei testi narrativi*, Bompiani, Milano 1979

Eliot T.S., *Tradition and the Individual Talent*, in Enright, De Chichera, English Critical Texts 16th Century to 20th Century. Oxford University Press, London 1982 (VI ed.)

Frye N. , *Cultura e miti del nostro tempo*, Rizzoli , Milano 1967

Frye N., *Favole d'Identità*, Studi di mitologia poetica, Einaudi, Torino 1973

Frye N., *Anatomy of Criticism*. Four essays, Princeton University Press, Princeton.

Trad. It. *Anatomia della critica*, Einaudi, Torino 1973

Greenwod Gillian, *Flying Circus*, on The Literary Review, October 1984

Greimas A. J., *Du Sens*, Editions du Seuil, Paris 1970. Trad. it. *Del Senso,* Gruppo ed. Fabbri, Bompiani, Sonzogno, Milano 1974

Greimas A. J., *Du Sens II* ,Essais Semiotiques, Editions du Seuil, Paris 1983. Trad. it. *Del Senso II,Narrativa, modalità, passioni.* Studi Bompiani, Milano 1985

Kemp Peter, *Magical History tour* [interview], on Sunday Times Section 6, 9/Jun/91, pp 6-7

Kenyon Olga, *Women Novelists Today*, Brighton, Harvester Press, 1988

Lanati Barbara, "Introduzione" a *La Camera di Sangue*, Feltrinelli, Milano 1984

Lévi-Strauss, *La Structure et la Forme. Réflexions sur un ouvrage de Vladimir Propp ;* nei Cahiers de l'Institut de Science Economique Appliquée, serie M n 7, Mar. 1960. Trad. It. *La struttura e la Forma*, in Propp, Morfologia della Fiaba, Einaudi, Torino ed.1982

Magagnino Aldo, La scatola delle voci. I radiodrammi di Angela Carter. Articolo pubblicato sul Quotidiano, domenica 30 e lunedì 31 luglio 1995, p. 13

McDowell Margareth B., Angela Carter, in *Contemporary Novelists*, St. James Press, London 1986

Meletinskij E., *Poetika Mifa ,* Trad. it. *Il Mito*, Poetica, folclore, ripresa novecentesca. Editori Riuniti, Roma 1993

Palmer Paulina, *Contemporary Women's Fiction, narrative practice and feminist theory*. Harvester, Wheatsheaf 1989

Palmer Paulina, *From "Coded mannequin" to Bird Woman: Angela Carter's Magic Flight*, in *Women Readings Women's Writing*, The Harvester Press, Brighton 1987

Propp Vladimir, *Mofologija Skaski*, Academia, Leningrad 1928. Trad. it. Morfologia della Fiaba, Einaudi, Torino 1966

Propp Vladimir, *Le Radici Storiche dei Racconti di Fate*, Boringhieri, Universale Scientifica, Torimo 1972

Rushdie Salman, Introduzione a A. Carter, *Burning your Boats*, Collected Short Stories, Chatto and Windus, London 1995

Sage Lorna, *Women in the House of Fiction*, Post-war women novelists, MacMillian Press, London 1992

Saintyves, *Les Contes de Perrault et les récits paralléles*, Paris 1923

Saraceno Claudia, *Pluralità e mutamento, Riflessioni sulla identità al femminile*. Ed. Franco Angeli, Griff Milano 1987 (II)

Segre Cesare, *Avviamento all' analisi del testo letterario*, Einaudi, Torino 1985

Thompson Stith, *La Fiaba nella Tradizione Popolare*, Il saggiatore, Milano 1967

Todorov T., *Les Catégories du Récit Litteraire,* in Communication n. 8 1966 ; trad. It. In AA. VV. L'Analisi del Racconto, Bompiani, Milano 1969

Todorov T., *Poetica*, in *Che cos'è lo strutturalismo?* , ILI, Milano 1971

Tomaševkij B. , *Teorija Literatury – Poetika*,
Leningrad 1928 trad. it. Teoria della Letteratura,
Feltrinelli, Milano 1978

Verdi Laura, *Il regno incantato*, CSRR, Padova 1980

Veselovskij, *La mitologia comparata e il suo metodo*,
1873; *Le Byline russe meridionali*, 1881-84

Von Franz M.Louise, *Il Femminile nella Fiaba*, Bollati
Boringhieri, Torino 1983, IV ed. 1990

Wandor Michelene, *On Gender and Writing,* Pandora
Press, London 1983

Wollstonecraft Mary, *Vindication of the Rights of
Women*, 1972, con John Stuart Mill, *The Subjection of
Women*, Dent, London, Everyman's Library, 1974

www.ingramcontent.com/pod-product-compliance
Lightning Source LLC
Chambersburg PA
CBHW060505290526
45791CB00001B/279